京都癮

神話傳說、史蹟巡禮、祭典盛事，
盡覽古都教人流連的祕密。

若村亮／著・邱香凝／譯

踏過櫻花第幾橋？——浪漫，只為抒情的過癮

王美霞／南方講堂創辦人

京都是一蕊璀璨的櫻花，花開花落迷離如夢，我去京都超過百次了！在學校任職時，帶領高中學生到日本見學交流，之後，經營南方講堂的人文講座，多年來以「京都文學散步」為主題的分享，讓許多朋友驚艷京都的美學，這千年古都以豐腴的人文景深，款款吸引著每一位懂得浪漫與抒情的旅人，每一回流連，必然忘返。

然而，探入京都，「私藏」的錦囊不可無，必然要有大數據的準備，將京都的歷史文化、宗教典故、藝術建築與神話故事一一收納閱讀，才能懂得「裡京都」的奧妙，然後在一步一腳印的巡禮中，每一剎那都能與京都的美好相遇。

深諳京都旅遊文化與趣味的若村亮先生，以在地專家身分帶路撰寫《京都癮》一書，他的文字引領每一位喜愛京都的旅人走進時光隧道，在寺廟、神社與史蹟等隱藏版名勝中，有大發現且帶來大喜悅，這扎實豐富的京都旅遊字典，值得我們帶這卷書，走一段京都路，讓知識的浪漫喜悅與京都相逢，那麼，每一步尋幽訪勝的步履、春花秋葉的驚嘆，都能成為旅行京都的過癮。

勾勒與眾不同的京都旅路

Megumi／日本旅遊作家

您對京都總是充滿旺盛探索欲？覺得出國不該只有打卡曬美圖？或是想從人山人海的京都觀光潮，打造具有深度的旅行回憶嗎？透過本書以神話傳說、祭典盛事等視野切入的七大類五十五個私藏景點，為您娓娓道來那些還不為人知、受到當地人喜愛、具有故事性的隱藏版風景，勾勒出一條與眾不同的京都旅路——下次的京都之旅，就由本書揭開序幕吧！

Preface

前言

目前，一股空前的觀光熱潮正在京都沸騰，不只日本本地，來自全世界的觀光客接踵而至。根據京都市政府每年發表的《京都觀光綜合調查》平成二十七年度版，自平成二十七年一月至十二月，一年內到訪京都市的觀光客人數達到五千六百八十四萬人（比前一年增加百分之二點二，創下連續兩年超越五千五百萬人的最新紀錄）。其中，在京都停留過夜的外國觀光客人數增加到三百一十六萬人（比前一年增加百分之七十三）。以世界遺產等級的寺廟與史蹟為中心，京都市內因許多觀光客的到訪而熱鬧非凡。在這樣的狀況下，許多遊客造訪京都的次數其實已經多到數不清，幾乎所有知名寺廟及史蹟都去過了……當這樣的人愈來愈多，我們就愈常聽到「希望能去觀光客較少，但仍魅力十足的地方旅遊」的需求。

此外，最近日本人的觀光模式也產生了變化。過去，日本人習慣的觀光行程以參觀景點、遊山玩水的團體旅遊為主流，一般常見的是搭乘觀光巴士、參加旅行團走訪寺廟史蹟。而現在，大多數人在時間與經濟上比過去更自由，不想跟團旅行，轉而希望能以自由度較高的個人或少數人方式旅遊。隨著這樣的需求逐漸增加，旅客們更希望旅行時能專注自己感興趣的主題，做進一步的深度學習。像是歷史、人物、佛像、庭園、建築、繪畫等等，這些新的需求出現後，嶄新的「學習觀光」型態也應運而生。

還沒有太多觀光客，又擁有深奧的歷史文化，暗藏魅力的學習主題……本書要介紹的正是這樣的寺廟、神社與史蹟，也是堪稱「私藏景點」的地方。

京都市內約有兩千座左右的寺廟與神社，若將範圍擴展到整個京都府，則光是寺院的數量就高達三千座，其中大多是至今仍沒有受到觀光客注意的隱藏版社寺。不過，進入「學習觀光」時代之後，新的觀光型態將逐漸普及確立，這些隱藏版的寺廟、神社或景點定也會搖身一變，成為將深奧歷史文化及魅力傳達給人們的所在。或許有人已經造訪過本書中介紹的幾個私藏景點，從中實際感受到新時代的「學習觀光」模式，發現了享受京都的新方法，迫不及待想認識更多尚未被察覺的隱藏版景點吧！

若讀者能透過本書推開下一扇京都觀光的嶄新大門，發現更有深度的京都魅力，那就是身為作者的我最榮幸的事。歡迎踏上京都觀光的新舞臺！

Contents

目錄

第二章 與名人相關の私藏景點

Contents

目錄

第三章 與動物相關の私藏景點

第四章 與食物相關の私藏景點

Contents

目錄

第六章 被怨念籠罩の私藏景點

Contents

目錄

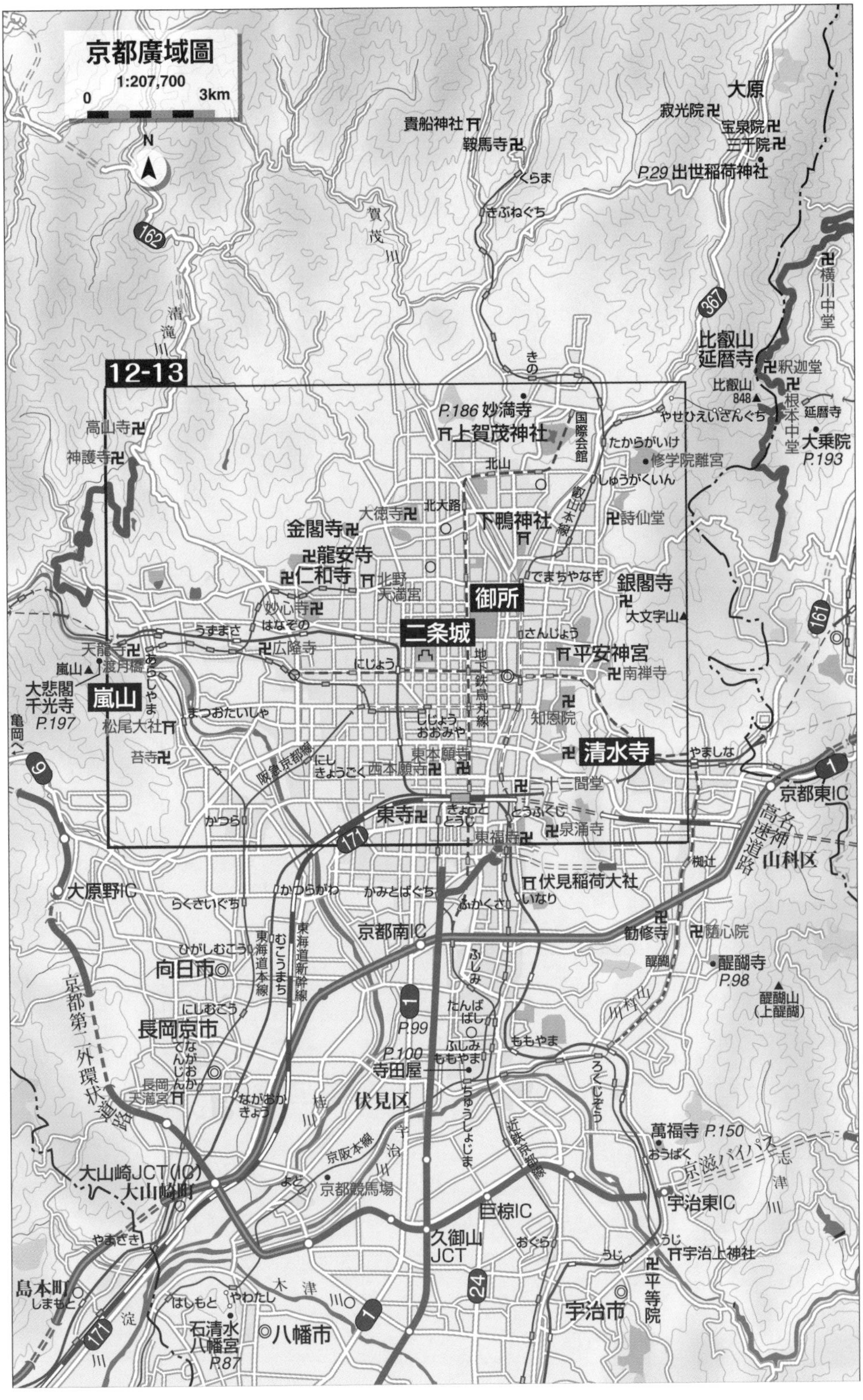
京都廣域圖
1:207,700
0
3km
N
12-13
大原
寂光院
宝泉院
三千院
P.29 出世稲荷神社
貴船神社
鞍馬寺
くらま
きぶねぐち
賀茂川
清滝川
162
367
横川中堂
比叡山延暦寺
釈迦堂
比叡山 848
根本中堂
延暦寺
やせひえいざんぐち
大乗院 P.193
P.186 妙満寺
上賀茂神社
国際会館
たからがいけ
修学院離宮
しゅうがくいん
北山
高山寺
神護寺
北大路
大徳寺
金閣寺
下鴨神社
叡山本線
詩仙堂
龍安寺
仁和寺
北野天満宮
でまちやなぎ
銀閣寺
御所
妙心寺
はなぞの
うずまさ
大文字山
二条城
さんじょう
天龍寺
広隆寺
平安神宮
嵐山
渡月橋
にじょう
地下鉄烏丸線
南禅寺
あらしやま
大悲閣千光寺 P.197
嵐山
まつおたいしゃ
知恩院
松尾大社
しじょう
おおみや
亀岡へ
9
清水寺
やましな
苔寺
東本願寺
阪急京都線
にしきょうごく
西本願寺
三十三間堂
1
京都東IC
かつら
東寺
きょうと
とうじ
とうふくじ
泉涌寺
高速名神道路
山科区
171
東福寺
椥辻
大原野IC
かつらがわ
かみとばぐち
伏見稲荷大社
いなり
らくさいぐち
ふかくさ
東海道本線
東海道新幹線
京都南IC
勧修寺
随心院
ひがしむこう
むこうまち
醍醐
醍醐寺 P.98
向日市
ふしみ
醍醐山(上醍醐)
京都第二外環状道路
山科川
にしむこう
たんばばし
1
P.99
長岡京市
ふしみももやま
ももやま
P.100 寺田屋
ながおかきょう
ながおかてんじん
長岡天満宮
ろくじぞう
桂川
伏見区
ちゅうしょじま
宇治川
萬福寺 P.150
近鉄京都線
京阪本線
おうばく
京滋バイパス
志津川
大山崎JCT(IC)
大山崎町
よど
京都競馬場
宇治東IC
巨椋IC
やまざき
久御山JCT
おぐら
うじ
宇治上神社
島本町
しまもと
木津川
24
平等院
宇治市
はしもと
やわたし
石清水八幡宮 P.87
八幡市
淀川
171

貴船口・鞍馬へ
大原へ
妙満寺
P.186
長代川
国際会館
上賀茂神社
神光院
P.138
深泥池
宝ガ池
たからがいけ
東山
高野川
賀茂川
北区
北山
松ケ崎
修学院離宮
雲母坂
P.190
北山大橋
松ケ崎橋
京都府立植物園
曼殊院門跡
P.51
今宮神社
京都府立大
367
白川通
詩仙堂
圓光寺
総見院 P.88
北大路
北大路
いちじょうじ
八大神社 P.196
北大路橋
北山別院 P.192
大徳寺
紫明通
叡山電鉄
狸谷山不動院
P.194
千本閻魔堂 P.30
下鴨神社
建勲神社 P.89
鞍馬口
P.179
上御霊神社
ちゃやま
水火天満宮
P.60
P.127
P.88
北白川疏水
左京区
相国寺・宗旦稲荷
阿弥陀寺
もとたなか
称念寺
P.118
櫟谷七野神社
P.183
旧三井家下鴨別邸 P.104
紋屋図子 P.66
今出川
同志社大
でまちやなぎ
白川
西陣
今出川通
吉田山
京都大学
地下鉄烏丸線
銀閣寺
上京区
哲学の道
京阪鴨東線
京都御所
鴨川
東大路通
京都府庁
大文字山
丸太町通
じんぐうまるたまち
平安神宮
丸太町
二条城
一条通
岡崎公園
二条
京都市役所
南禅寺
にじょう
御池通
烏丸御池
東山
蹴上
さんじょう
堀川通
おおみや
阪急京都線
錦市場
祇園
知恩院
からすま
地下鉄東西線
しじょうおおみや
四条
かわらまち
ぎおんしじょう
河原町通
京阪本線
建仁寺
高台寺
山科・醍醐・六地蔵へ
烏丸通
琵琶湖疏水
下京区
きよみずごじょう
東山区
清水寺
たんばぐち
五条通
五条
御陵
東本願寺
西本願寺
山科・大津へ
しちじょう
三十三間堂
梅小路公園
京都駅
東海道本線
1
山科区
南区
近鉄京都線
瀧尾神社 P.114
東山トンネル
米原へ
24
とうじ
とうふくじ
九条通
東寺
九条
今熊野観音寺
P.161
東海道新幹線
旧安祥寺川
伏見・奈良へ
竹田へ
東福寺
泉涌寺

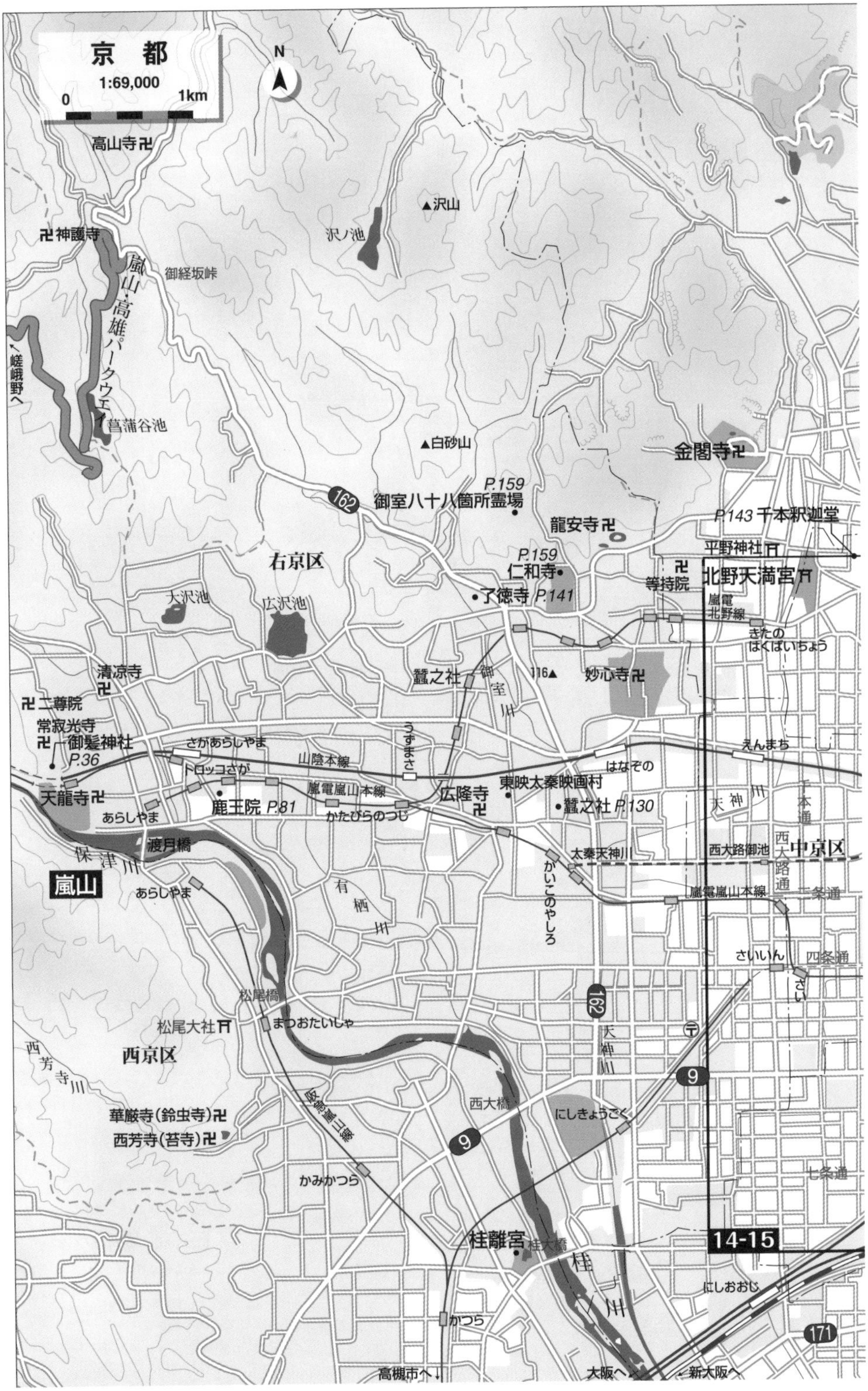
京都
1:69,000
0
1km
N
高山寺
神護寺
御経坂峠
嵐山・高雄パークウェイ
嵯峨野へ
菖蒲谷池
沢山
沢ノ池
白砂山
162
御室八十八箇所霊場
P.159
龍安寺
金閣寺
P.143 千本釈迦堂
平野神社
北野天満宮
P.159
仁和寺
了徳寺 P.141
等持院
嵐電北野線
きたのはくばいちょう
右京区
大沢池
広沢池
清凉寺
二尊院
常寂光寺
御髪神社
P.36
天龍寺
蚕之社
御室川
116
妙心寺
うずまさ
さがあらしやま
山陰本線
トロッコさが
嵐電嵐山本線
鹿王院 P.81
かたびらのつじ
広隆寺
東映太秦映画村
蚕之社 P.130
はなぞの
えんまち
天神川
千本通
あらしやま
渡月橋
保津川
嵐山
あらしやま
有栖川
太秦天神川
かいこのやしろ
西大路御池
西大路通
中京区
嵐電嵐山本線
二条通
さいいん
四条通
さい
松尾橋
松尾大社
まつおたいしゃ
162
天神川
西京区
西芳寺川
阪急嵐山線
9
西大橋
にしきょうごく
9
華厳寺（鈴虫寺）
西芳寺（苔寺）
かみかつら
七条通
桂離宮
桂大橋
桂川
14-15
にしおおじ
かつら
171
高槻市へ
大阪へ
新大阪へ

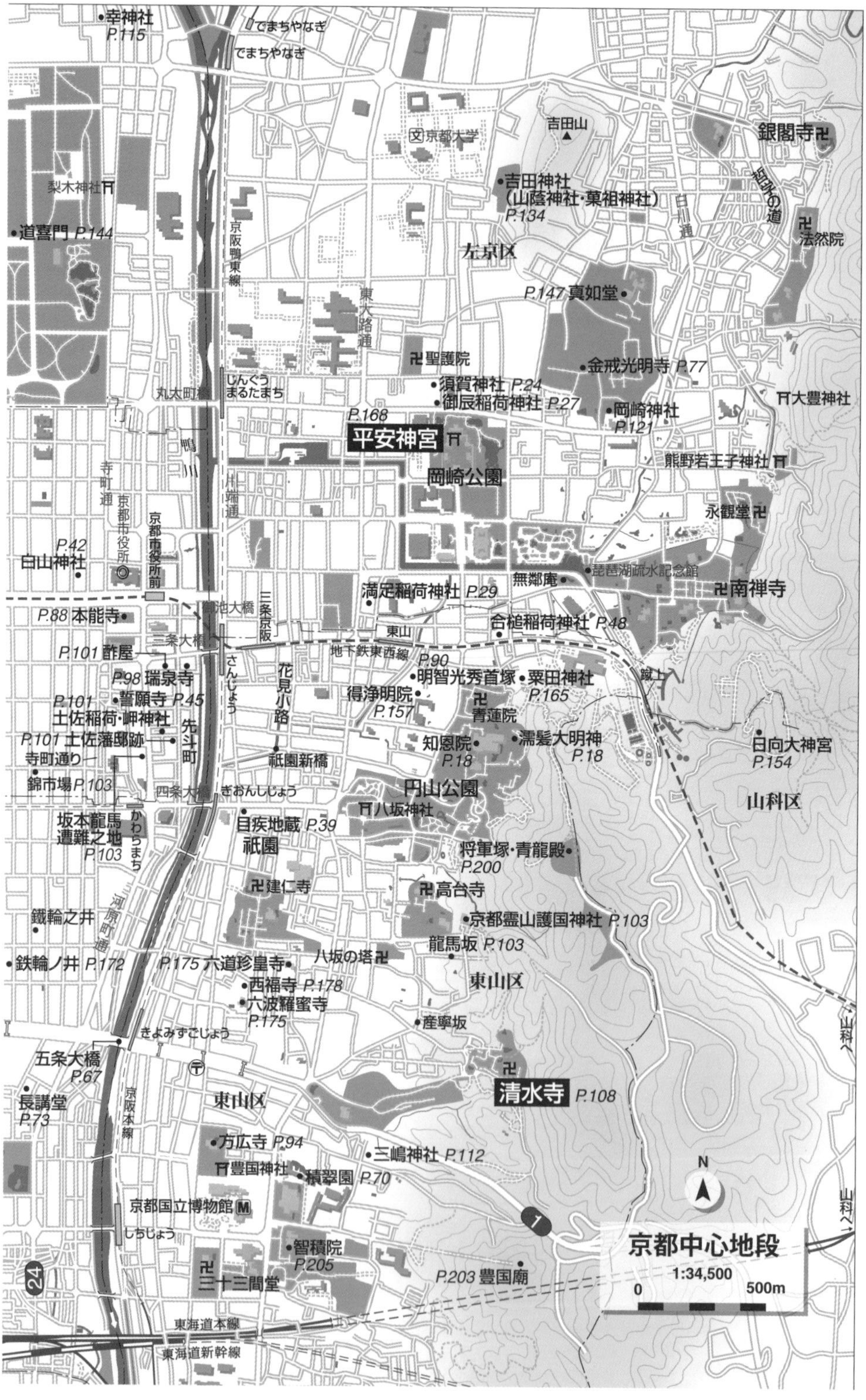
京都中心地段
1:34,500
0
500m
N
幸神社
P.115
でまちやなぎ
でまちやなぎ
京都大学
吉田山
銀閣寺
哲学の道
梨木神社
吉田神社
（山蔭神社・菓祖神社）
P.134
白川通
法然院
道喜門 P.144
京阪鴨東線
左京区
東大路通
P.147 真如堂
聖護院
金戒光明寺 P.77
じんぐう
まるたまち
丸太町橋
須賀神社 P.24
御辰稲荷神社 P.27
岡崎神社
P.121
大豊神社
P.168
平安神宮
鴨川
寺町通
川端通
岡崎公園
熊野若王子神社
京都市役所
京都市役所前
永観堂
P.42
白山神社
無鄰庵
琵琶湖疏水記念館
南禅寺
満足稲荷神社 P.29
御池大橋
三条京阪
P.88 本能寺
東山
合槌稲荷神社 P.48
三条大橋
地下鉄東西線
P.101 酢屋
さんじょう
P.90
P.98 瑞泉寺
花見小路
明智光秀首塚
粟田神社
蹴上
P.101
誓願寺 P.45
得浄明院
P.165
土佐稲荷·岬神社
P.157
青蓮院
先斗町
P.101 土佐藩邸跡
知恩院
濡髪大明神
日向大神宮
P.18
P.18
P.154
寺町通り
祇園新橋
錦市場 P.103
四条大橋
ぎおんしじょう
円山公園
山科区
八坂神社
坂本龍馬
遭難之地
P.103
かわらまち
目疾地蔵 P.39
祇園
将軍塚·青龍殿
P.200
建仁寺
高台寺
河原町通
鐵輪之井
京都霊山護国神社 P.103
龍馬坂 P.103
鉄輪ノ井 P.172
P.175 六道珍皇寺
八坂の塔
西福寺 P.178
東山区
六波羅蜜寺
P.175
産寧坂
きよみずごじょう
五条大橋
P.67
清水寺 P.108
山科へ
長講堂
P.73
京阪本線
東山区
方広寺 P.94
三嶋神社 P.112
豊国神社
積翠園 P.70
京都国立博物館
山科へ
しちじょう
智積院
P.205
P.203 豊国廟
三十三間堂
24
1
東海道本線
東海道新幹線

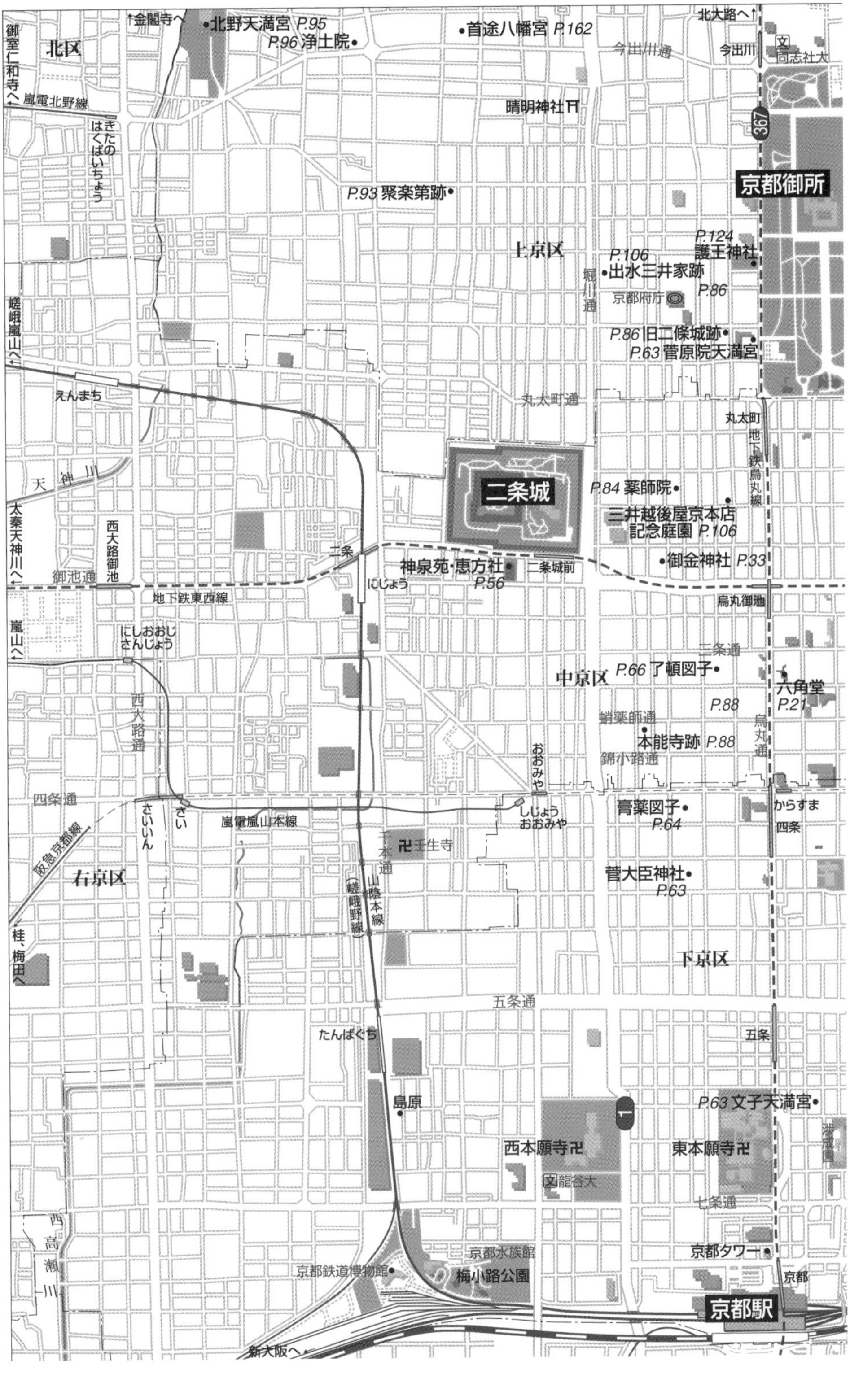
金閣寺へ
北野天満宮 P.95
P.96 浄土院
首途八幡宮 P.162
北大路へ
今出川通
今出川
同志社大
北区
御室仁和寺へ
嵐電北野線
晴明神社
きたのはくばいちょう
367
京都御所
P.93 聚楽第跡
上京区
P.124 護王神社
P.106 出水三井家跡
堀川通
京都府庁
P.86
嵯峨嵐山へ
P.86 旧二條城跡
P.63 菅原院天満宮
えんまち
丸太町通
丸太町
地下鉄烏丸線
天神川
二条城
P.84 薬師院
太秦天神川へ
西大路御池
三井越後屋京本店記念庭園 P.106
二条
神泉苑・恵方社 P.56
二条城前
御金神社 P.33
御池通
にじょう
地下鉄東西線
烏丸御池
嵐山へ
にしおおじさんじょう
二条通
中京区
P.66 了頓図子
六角堂 P.21
西大路通
P.88
蛸薬師通
烏丸通
本能寺跡 P.88
おおみや
錦小路通
四条通
さいいん
さい
しじょうおおみや
膏薬図子 P.64
からすま
四条
嵐電嵐山本線
阪急京都線
千本通
壬生寺
右京区
山陰本線（嵯峨野線）
菅大臣神社 P.63
桂、梅田へ
下京区
五条通
たんばぐち
五条
島原
P.63 文子天満宮
1
西本願寺
東本願寺
渉成園
龍谷大
七条通
西高瀬川
京都水族館
京都タワー
京都鉄道博物館
梅小路公園
京都
京都駅
新大阪へ

第一章

實現趣味心願の私藏景點

京都市
東山區

來淨土宗總本山祈求姻緣

知恩院・濡髮大明神

平安末期，法然上人專唸「南無阿彌陀佛」，提倡生於淨土的淨土宗教誨，認為只要接受佛陀救濟就能過著平和生活。他在因湧出良泉而被稱為「吉水」的京都東山山麓蓋起吉水草庵，傳播教義。後由弟子源智上人將吉水草庵整修為寺院，如今以淨土宗總本山知恩院之名，在東山山麓擁有佔地廣大的院地。

御影堂是世界最高等級的木造建築

建於知恩院入口的國寶三門是元和七年（西元一六二一年）時，由江戶幕府二代將軍德川秀忠寄贈而設立的建築。

穿過三門，可看到正面與右手邊各有一座石階。正面陡峭的石階稱為「男坂」，右手邊和緩的石階稱為「女坂」。爬上石階後，眼前正是世界最高等級的木造建築——御影堂（修復中，預計二〇一九年完工）。御影堂因祭祀人稱御影的法然上人木雕像而得名，創建於寬永十六年（西元一六三九年），由江戶幕府三

知恩院三門也是
京都三大門之一。

代將軍德川家光寄贈設立。

再沿著石階往上，來到院地後方，可看見原本的御影堂，現稱「勢至堂」的建築。法然上人乳名勢至丸，現在信徒也以勢至菩薩為其本尊，故稱此為勢至堂。勢至堂乃知恩院內歷史最悠久的建築，據說建立於室町時代享祿三年（西元一五三〇年）。其右上為建設於院地內地勢最高處的法然上人御廟，參拜者可在此安靜祈禱。這裡視野良好，京都市區景觀一覽無遺。

被無數墓碑環繞的結緣神社

從勢至堂再往內走，穿過墓碑林立的墓地後，濡髮大明神即將映入眼簾。關於這座名稱奇特的神社，有這麼一個傳說：

過去在知恩院內建設御影堂時，原本居住於此的狐狸便失去居所，據說這座濡髮大明神神社，就是狐狸向住持請求的新居所。因為狐狸化身為童子出現時，頭髮總是濕漉漉的，神社便因此得名。濡髮之名往往令人聯想到美麗

坐鎮知恩院內最深處的濡髮大明神。

的女性，因此神社得到眾多祇園的藝伎、舞伎信奉，成為祈求姻緣的結緣神社。此外，因「濡」字從水部，自古以來也被視為祛火之神崇拜。

附帶一提，濡髮大明神前有一塊特別大的墓碑，是江戶幕府二代將軍德川秀忠之長女，即七歲時便嫁給大坂城主豐臣秀賴的千姬之墓。

Access 搭乘京都市公車，到知恩院前下車，徒步約6分鐘。（地圖 P.14）

京都市
中京區

在「京都之臍」向結緣柳樹祈求姻緣

六角堂

六角堂位於京都辦公大樓林立的區域正中央，因擁有六角形的本堂而得此稱呼，其實它的正式名稱是「頂法寺」。六角堂歷史悠久，據說由聖德太子創建於平安時代之前的用明天皇二年（西元五八七年），是京都最古老的寺院之一。

日本都城於延曆十三年（西元七九四年）遷移京都，建設平安京時擬將道路規劃為縱橫等間隔的棋盤狀，在那之前已經存在的六角堂便阻礙了計畫中的道路。此時，天皇敕使造訪六角堂，向佛菩薩祈願「是否可往南方或北方移動一點」，於是空中忽然紫雲翻湧，本堂竟往北方移動了十五公尺左右。當時，只有原本本堂支柱的一塊基石留在原地。那塊遺留道路中央的石頭中心有個空洞，加上六角堂幾乎位於京都中心位置，故這塊石頭也稱為「臍石」。因為石頭放置路中太危險，現已將臍石搬移至六角堂內珍藏保管。

「結緣柳樹」。柳枝長及地面，也稱「拖地柳」。

祈求姻緣，繫於柳枝

六角堂本堂前有株據說是由小野妹子自中國帶回的柳木，源自六角堂的這種柳樹，也因此名為「六角柳」。關於這種柳樹有個傳說：平安初期，第五十二代嵯峨天皇前來六角堂參拜，祈求遇見一位稱職的皇后。就在本堂完成祈願轉身時，只見柳樹下站著一位美麗的女子。日後這位女子果然成為皇后，人們因此深信這棵柳樹能夠成就姻緣。

習俗流傳至今，參拜者會用抽到的籤詩將兩條柳枝繫在一起，藉此祈求良緣。不過，有些人只將籤詩綁在一條柳枝上，這樣有可能無法獲得良緣；也有人用籤詩繫起許多柳枝，反而可能引來麻煩事。如果想獲得良緣，請記得用籤詩繫起兩條柳枝。

從玻璃電梯展望美景

大家都知道池坊是花道的知名流派，事實上，六角堂的住持正是池坊的「家元」（註：繼承該流派的代表者，亦即掌門人）。室町時代，配合儀式的舉行，誕生了插花這種手法，在插花名家中最為知名的，就是時任六角堂住持的池坊專慶。從此之後，六角堂的住持也以家元身分代代繼承池坊花道的歷史。

現在，六角堂被池坊大樓圍繞，原本從被大樓遮蔽的烏丸通上是看不到六角堂的，不過目前的大樓一樓採用落地玻璃設計，可透過大樓看見六角堂。就連位於一樓的星巴克也是落地玻璃建築，可在這裡享受一邊眺望名勝一邊喝咖啡的樂趣。

不僅如此，這棟大樓還設有透明的玻璃展望電梯，電梯升降時即可俯瞰六角堂境內景觀，將六角形的本堂看得一清二楚。三台電梯中只有一台是玻璃電梯，搭乘時請多留意。

從玻璃展望電梯俯瞰六角形的本堂。

Access　搭乘地下鐵到烏丸御池站，從 5 號出口出來後，徒步 3 分鐘。（地圖 P.15）

京都市
左京區

良緣來自戴面罩的愛情戰士

須賀神社

提到京都的聖護院，現在最常聽到的就是聖護院八橋、京都蔬菜的聖護院白蘿蔔和聖護院蕪菁等。不過，聖護院這個地名的由來，原本就是一座名為聖護院的寺院，在過去，聖護院可曾是統括了天台宗系修驗道山伏（註：山伏即修驗道的修行者）的寺院，勢力龐大。

節分祭時熱鬧的須賀神社。

聖護院創建於平安後期，起初是因為白河上皇來熊野參拜之際，朝拜先達（註：在修驗道中，登山朝拜時走在前方引導行者前進或指導參拜作法的長老山伏）完成了出色的導引任務，獲上皇賜名增譽大僧正、賜予寺院，並取守護天皇之意，將寺院命名為聖護院。

祀奉素盞嗚尊等神祇的須賀神社就在聖護

院附近，現在雖然已縮小規模，成為一座小型神社，但創立當時可是人稱西天王社的大型神社，作為保佑聖護院一帶的神明，長久以來深受庶民信奉。如今神社中仍祭祀著交通安全之神，廣受民眾信仰。

販售保佑締結良緣的懸想文的小販。

只在節分這兩天登場的懸想文小販

平時寧靜的須賀神社境內，只在每年二月二日、三日這兩天舉行節分祭時熱鬧非凡。在這裡舉行的節分祭上，會出現戴著白布面罩的「懸想文」小販，邊走邊兜售綁在梅枝上的懸想文。所謂「懸想文」，即是現代人所說的情書。在過去，不識字的民眾會託人代筆撰寫情書，一些窮困的文人為了隱藏自己真正的身分，便用白布罩起頭臉承接這類工作，為一般庶民傳情達意。須賀神社的懸想文被視為吉祥物，據說只要不為人知地將書信放入化妝臺或衣櫃，美麗的服飾就會增加，容貌也會變美，提高遇上良緣的機會。因此，自古以來京町姑娘們總會來此購買懸想文。

除此之外，還有只在節分這兩天於神社內販售的美味和菓子「須賀多餅」。這是一種包有白豆沙餡的柔軟糯米糕餅，餅皮Q彈柔軟，對女性而言，彷彿吃了就能擁有如白嫩糕餅般美麗的肌膚與外表。

Access　搭乘京都市公車，至熊野神社前下車，徒步約5分鐘。（地圖 P.14）

專欄

關於京都 節分的二三事

節分原本指的是「分開季節」，換句話說，就是季節交替之際的立春、立夏、立秋、立冬前一天。不過，自古以來人們習慣以立春（二月四日）為一年的新開始，漸漸地，在日本節分就演變為單指春天的節分了。平安時代認為節分是惡鬼容易現形的季節，天皇宮中會舉行撒豆驅逐惡鬼的「追儺」儀式，後來流傳入民間，就成為了現在節分時舉行的祭典活動。

在平安神宮，由茂山門人扮演惡鬼。

吉田神社・節分祭　每年二月二日～四日

為了封印平安京鬼門而設立的吉田神社，每年從二日傍晚六點開始舉行追儺儀式，以揮舞鐵棒驅逐惡鬼的方式消災除厄。

聖護院・節分會　每年二月二日～三日

傳說聖護院中的御本尊・不動明王像為智証大師・円珍所作，只在每年節分會這兩天開放參拜。追儺儀式從三日下午一點開始舉行，之後還有撒豆儀式。

平安神宮・節分祭　每年二月三日

自三日下午兩點開始進行還原古時宮中作法的儀式。之後於下午三點由市民代表向神宮境內作亂的惡鬼撒豆、祛邪。整場活動由狂言師・茂山家擔任企劃總監，由茂山門人扮演群魔亂舞的惡鬼，場面震撼。其後還會舉行除災招福的祈禱會，以撒福豆的方式作結。

京都市
左京區

向帶來幸福的真黑石許願

御辰稻荷神社

平安神宮北側不遠處，御辰稻荷神社正對丸太町通坐鎮於此。這是個幾乎不見人影的小小神社。

據說寶永二年（西元一七〇五年），因第一百一十三代東山天皇之側室・崇賢門院做了白狐出現的靈夢，因而創立了此間神社。由於祭祀的神社位於京都御所東南方，也就是「辰方位」，因此稱之為御辰稻荷。後來又因為御辰稻荷的「辰」字與達成的「達」字相通（註：兩者在日文中發音相同），這裡也就被視為保佑藝術成就的才藝之神，廣受民眾信仰。

保佑藝術成就的隱藏版靈驗神社。

此外，說到稻荷就會聯想到狐狸。傳說中，住在這間御辰稻荷的御辰狐是個風雅的狐仙，擅長彈琴。人們從聖護院之森經過時，總能聽見狐仙的琴聲。甚至有童謠是這麼唱的：「京都的風雅狐仙哪，有喜歡下棋的宗旦狐，和擅長彈琴的御辰狐。」京都人著迷於祂的琴聲，為了祈求藝術成就而來此參拜的人絡繹不絕。

向光滑如玉的真黑石祈求幸福

來御辰稻荷參拜時，可看見寫著「真黑石」的招牌。關於這真黑石也有個傳說。

從前從前，有一對苦於膝下無子的貧窮夫妻，妻子篤信御辰稻荷，凡事皆來此參拜祈求，希望獲得幸福。有一天，她不小心在神社內睡著了，醒來時發現自己手中握著一塊漆黑小石。妻子認為這一定是稻荷神送給她的禮物，於是帶回家供奉在神龕上。不久，這對夫妻就生下了一個如花似玉的女兒。女兒長大後，成為一位美麗的姑娘，被大名諸侯看上，住進了城裡，夫妻兩人也從此過著幸福生活。自此之後，真黑石就被視為能帶來幸福的石頭，廣受民眾信仰。

現在到神社的社務所即可購買真黑石（五百日圓），一般相信只要將真黑石供奉在設立於本殿東側的福石大明神社殿前，並在此祈願，就能獲得幸福。

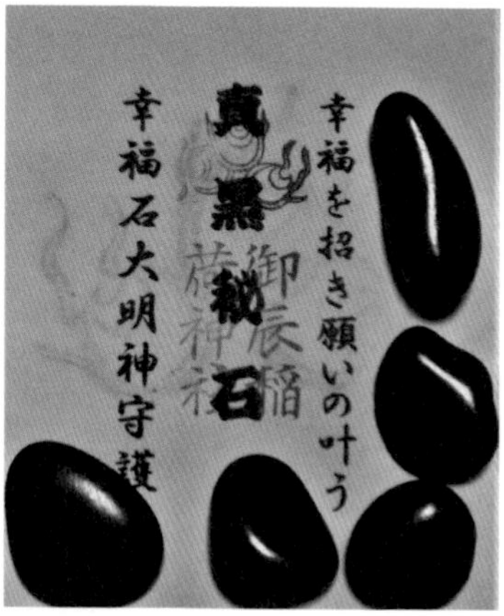

光滑如玉的真黑石。

Access 搭乘京都市公車在熊野神社前下車，徒步約 5 分鐘。（地圖 P.14）

專欄

關於京都稻荷的二三事

狐狸被視為稻荷神的使者。

稻荷神也是保佑生意興隆的神祇，最早是將稻子神格化為宇迦之御魂神等神明祭祀，名稱逐漸演變為「稻成」，再轉為「稻荷」。另有別名為御饌津神，因發音近似，也有人解釋為來自狐狸古名「狐」（讀音KETSU）的三狐神，並將狐狸視為稻荷神的使者。稻荷神也是保佑五穀豐收、生意興隆的神明，以京都的伏見稻荷大社為總本宮，日本各地約有三萬多座稻荷神社。

出世稻荷神社（地圖 P.11）

安土桃山時代，天下人豐臣秀吉篤信稻荷神，並將其祀奉在聚樂第宅邸內。隔年，後陽成天皇駕臨聚樂第，前來參拜此一稻荷神社，呼應此時已飛黃騰達的秀吉，將這座神社取名為出世稻荷。平成二十四年（西元二〇一二年）六月，出世稻荷遷移到位於京都市區的大原。

滿足稻荷神社（地圖 P.14）

同樣是安土桃山時代，天下人豐臣秀吉將伏見稻荷大社之祭神請為伏見城守護神，並於元祿六年（西元一六九三年）遷移至現址。秀吉信仰虔誠篤敬，神社名稱中「滿足」二字的由來，便源於秀吉對祭神之護佑大感「滿足」之故。這裡的稻荷神也被稱為「滿足桑」，深受庶民愛戴。（註：日語中常以「～さん」暱稱神明或社寺，是一種表示親近的說法，本書皆音譯為「～桑」）

合槌稻荷神社（P.48）　**宗旦稻荷神社**（P.127）

京都市
上京區

在與另一個世界的交界處得到萬倍庇佑

千本閻魔堂（千本ゑんま堂）

無論哪個時代，只要有人活著的這個世界，就會有人死後的另一個世界存在。

平安時代，死去的人會被搬到洛外（都城外），按照習俗進行火葬、土葬或風葬。平安京郊外東有鳥邊野、北有蓮台野、西有化野，合稱三大葬送地。在將遺體運往其中之一的蓮台野時，行經的葬送之道中，有一條路旁有上千座卒塔婆（註：墓牌）林立，「千本通」便因此得名。

現在，正對千本通前仍設有寺院，正式名稱叫引接寺，又稱千本閻魔堂。千本閻魔堂始於平安初期，起初乃公卿小野篁在「這個世界」與「那個世界」交界處設立閻魔王雕像並加以祭祀，寺院也由此得名。

千本閻魔堂每年八月七日到十五日會舉行將祖先靈魂接引到這個世界的法事。在寺院內撞「迎魂鐘」，透過鐘聲引導從兩個世界交界處返回這座寺院的祖魂。這個作法源於過去在葬送之地的蓮台野埋葬死者時的撞鐘舊俗。

寺院內瀰漫「這個世界與那個世界交界處」的氛圍。

直到現在，千本閻魔堂附近的町名仍叫做閻魔町，由此可知這一帶與閻魔王淵源之深。

判亡者入地獄的閻魔王

寺院內祭祀的本尊正是大閻魔王像。聽到閻魔王，一般人往往容易想成地獄之王，其實閻魔王乃是根據亡者生前罪行下判決的「閻魔廳」之王，職務相當於今天制裁罪人的法官。閻魔王手持笏板，表情慍怒。為了判定亡者生前的善惡，閻魔王擁有兩樣工具。其中一樣是能照映出亡者生前情況的「淨玻璃鏡」，另外一樣稱為「人頭杖」，長長的手杖前端有兩張小小的臉，當亡者回答閻魔王的問題時，只要老實回答，表情溫柔和氣的那張臉就會口吐白蓮花；若撒下謊言，另一張表情兇惡的臉就會猛烈噴火。無論如何，都不能在閻魔王面前說謊，生前多行不義之人，一定會在閻魔王的判決下墜入阿鼻叫喚地獄。

天花板下是閻魔王用的巨大茶碗

參拜閻魔王像後，若抬頭看油錢箱上接近天花板的地方，可以看見一個巨大的茶碗，據說那是閻魔王用過的東西。這個茶碗稱為「閻魔王的萬倍碗」，若能從下方將香油錢丟進這個足足有一人環抱之大的茶碗中，就能得到相當於參拜一萬天的萬倍保佑。對控制香油錢拋擲方向有自信的人，不妨試著挑戰看看，說不定能獲得閻魔王莫大的保佑。

巨大的萬倍碗。

Access 搭乘京都市公車，於乾隆校前下車，徒步約 2 分鐘。（地圖 P.12）

京都市
中京區

金碧輝煌的二十四小時營業神社

御金神社

從御池通朝西洞院通往北走，原本幽靜的住宅區中，忽然出現一座金碧輝煌的鳥居。抬頭仰望高掛在鳥居上的匾額，上面寫著「御金神社」。「御金」兩字很容易被誤讀為「OKANE」，其實正確讀音應該是「MIKANE」。

祭祀於本殿的祭神是出現於日本神話中的男神．伊邪那歧命及女神．伊邪那美命所生的皇子——金山毘古神。這位金山毘古神乃是礦山與礦物之神，所有人類生活中用得到的金屬，諸如刀劍、鏡子、鋤頭、圓鍬等，皆受金山毘古神庇佑，自古以來便是廣受庶民崇敬之神。現在其庇佑範圍更延伸至大型農耕機械、印刷機器、工廠使用的大型機臺等等。此外，因為礦物包括金屬在內，像是金、銀、銅等用於貨幣的金屬也在其庇佑範圍，於是金山毘古神便被視為資產運用之神，許多從事證券、股票等金融或不動產的業者都會來此參拜，請求保佑。金山毘古神原本只是悄悄隱身於民宅間的小神社，自從明治十六年（西元一八八三

金碧輝煌的鳥居上高掛匾額。

狀似銀杏葉的繪馬。

年）建設了現在的社殿後，以地方民眾為中心，漸漸成為廣受崇敬的神社。

從金黃鳥居下穿過，能提高財運

神社入口的金黃色鳥居原本只是普通的木製鳥居，經歷颱風侵襲倒塌後，重新打造為鐵製鳥居。又因這裡是祭祀金屬之神的神社，便於平成十八年（西元二〇〇六年）時，為鐵製鳥居貼上金箔，完成了如今金碧輝煌的金黃色鳥居。

穿過這座金黃色鳥居，眼前便是小巧可愛的神社。左手邊有放著洗錢籃的手水（註：參拜前清淨雙手的水槽），在此洗手淨身的同時也可順便清淨身上的金錢，接著再前往社殿參拜。進到本殿一看，連繫鈴的鈴繩都是金黃色，真不愧是相傳能夠提升財運的神社。

對閃耀金黃光芒的銀杏許願

參拜完本殿後，接著就是在繪馬上許願。社殿後方有一棵做為御神木的大銀杏樹，繪馬的形狀也像是一片銀杏葉。銀杏的葉子是金色（黃色），也有提升財運的效果，許多參拜者都在繪馬上寫下關於財運的願望。

媲美便利商店的二十四小時營業

由於御金神社是一間隨時都可參拜的神社，往往可以看到有些工作到深夜才下班的上班族，心血來潮信步前往參拜的身影。都工作得這麼勤奮了，一定是祈求神明保佑年終獎金提高吧……總而言之，這是一個很有現代風格，二十四小時營業的開運景點。不過，會這麼做是有原因的。除了本殿中供奉的祭神金山毘古神外，這裡也祭祀天照大御神和月讀神，其中月讀神身為夜晚之神，御神事多半在夜晚進行，為了方便晚上入內參拜，入口就一直保持開放狀態。各位不妨也在深夜前往參拜，暗自祈求提升財運吧。

Access 搭乘地下鐵東西線，至二条城前站下車，從 2 號出口出來後徒步約 4 分鐘。（地圖 P.15）

京都市
右京區

關於「頭髮」的願望 就向「神明」祈求

御髮神社

註：日文中「髮」與「神」同音

名滿天下的知名景點嵐山，無論春天的櫻花或秋天的紅葉都如狂風暴雨般散落，因而得名（註：日文中「嵐」是暴風雨的意思）。從過去平安時代起，這裡就是天皇與貴族興建別墅，乘船遊興的場所。流過嵐山的河川於不同地區有不同名字，在嵐山附近時稱為大堰川，其上游稱為保津川，下游則名為桂川。

橫跨大堰川上的橋，是平安初期法輪寺僧道昌著手建設的，因為也是法輪寺的門前橋，原本命名為法輪寺橋。到了鎌倉時代，龜山天皇在嵐山興建離宮，某次於滿月之夜駕臨此地乘船遊興，發現從橋上能夠看見高掛天空的圓月時，吟詠了一句「如渡滿月」的詩句，此後這座橋便稱為「渡月橋」了。

日本唯一與頭髮有關的神社

同樣是龜山天皇時代，傳說宮中負責管理寶物的藤原基晴，因為弄丟了寶物，便前往諸國行腳以示負責，最後落腳下關。基晴的第三個兒子藤原采女亮政之為了幫助父親的生計，開始從事梳理頭髮的工作。

後來，這位藤原采女亮政之被視為理容或美容相關職業的始祖，而祭祀他的這間御髮神社就位於嵐山後方，離藤原父子過去侍奉的龜山天皇御陵不遠。這裡也是日本唯一與頭髮相關，庇佑理容及美容行業的神社。更因「髮」的發音和「神」相通，自古以來深受大眾信仰，如今更成為理髮業者篤信的神社。圍繞神社一圈的「玉垣」（圍牆）上，刻著一整排捐贈者的名字，其中包括Reve21、Artnature等提供增髮、育髮服務的企業，以及Kanebo等生產美髮產品的企業等。此外，神社內還有集中了參拜客納祭毛髮的「髮塚」，說這裡是髮之聖地也不為過。神社的徽章稱為「神紋」，御髮神社的神紋圖案，是在讓人聯想到天皇的菊花紋樣中加上「髮」字，可見其歷史之正統與悠久。

與天皇家淵源頗深的神紋上繪有「髮」字。

近年來，守護人類頭髮的神明逐漸也被視為守護「頭部」之神，引申出「使頭腦變好」的意思，於是也有很多考生來此參拜，請求保佑大考及格。另外，神社內有許多貓，悄悄吸引了不少愛貓者的注意，成為另類的受歡迎景點。

前往編纂《小倉百人一首》的時雨亭遺址

御髮神社前有個小倉池，後方有座小倉山。廣為人知的是，這個地方曾經是以《新古今和歌集》選者之一而知名的鎌倉時代歌人．藤原定家經營山莊「時雨亭」的場所。除此之外，這裡也是編纂《小倉百人一首》的地方。《小倉百人一首》是編纂者從天智天皇到順德天皇的歷代百位著名歌人中各選一首作品集結而成，直到現代仍是眾所熟悉的和歌作品集。據說藤原定家在這裡度過了一段優雅而悠哉的生活。

定家住過的時雨亭遺址位在有常寂光寺、二尊院及厭離庵的嵯峨野一帶，參拜過御髮神社後，建議可前往探尋時雨亭跡，享受一遊嵯峨野的樂趣。

整排與美髮相關的企業名號。

Access 搭乘嵐電，至嵐山站下車後徒步約 16 分鐘。（地圖 P.13）

京都市
東山區

保佑眼疾痊癒的右眼赤目地藏菩薩

目疾地藏

從北到南緩緩流過京都的鴨川是個廣受歡迎的景點，許多人喜歡聚集在此，度過一段小憩時光。不過，這裡過去可曾是一條氾濫肆虐，令人畏懼的河川呢。就連平安後期擁有絕大權力的第七十二代白河天皇，都曾用「天下三不如意」（放眼天下，無法順應己意進行的三件事）形容鴨川之水，與比叡山法師及擲骰子點數並列。

平安時代之後，出現稱為「防鴨河使」的臨時官位，負責防治鴨川水災及修補堤防等職務。

向地藏祈求停雨

從四条大橋過了鴨川往東走，通過南座前方，在前往八坂神社路上，有一間仲源寺。這間寺院始於治安二年（西元一〇二二年），最早乃由大佛師．定朝於四条河原東邊祭祀地藏菩薩而設立。然而，平安末期戰亂頻仍，供奉地藏菩薩的堂宇就此荒廢，蔓草叢生。

到了安貞二年（西元一二二八年），鴨川又因大雨氾濫，引發洪荒。朝廷選出防鴨川使中原為兼，派他前往救災。那是一場洪水沖走橋樑，連上游地區的房屋都隨大水流到下游的大水患。然而不可思議的是，很多人被沖到四条河原的草叢中而倖存。仔細一看，竟然在草叢中發現地藏菩薩的身影。同時，為兼在此獲得「此乃君主失德，人民重利忘義，上天因而發怒，須儘快厚祀地藏，以救蒼生」之神諭指示。據說照做之後，大水很快地消退，鴨川也恢復往日的平靜。

後來，地藏菩薩便被奉祀於仲源寺內。仲源寺的名字來自中原為兼的「中原」，加上「人」字與「水」字而得。供奉於此的地藏菩薩也被視為止雨地藏，廣受民眾信仰。

「雨止」諧音「目疾」

室町時代，仲源寺附近住了一對篤信地藏菩薩的夫妻，丈夫因眼疾而失明，妻子為了祈求丈夫病癒，每天都到地藏菩薩跟前參拜。某天晚上，地藏菩薩出現在丈夫枕邊，指示他用仲源寺湧出的水洗眼睛。丈夫立刻按照神諭行事，漸漸地，丈夫的眼睛又開始看得見了。為了答謝菩薩，他偕同妻子前往參拜，發現地藏菩薩的右眼染成了紅色，眼淚沿著臉頰滑落。此後，這裡的地藏菩薩便從「雨止（註：日文發音AMEYAMI）」變成諧音的「目疾（註：日文發音MEYAMI）」，成為專門保佑眼疾痊癒的靈驗菩薩，廣受民眾信仰。附帶一提，地藏菩薩的眼睛至今仍有一眼呈現紅色。

山門上掛有「雨奇晴好」的匾額。

人生正是「雨奇晴好」

結束參拜後，走出寺院大門，回頭一看，將會發現門上掛有寫著「雨奇晴好」的匾額。這句話的意思是：「無論下雨或天晴，各有不同的美好景色。」晴天時山水固然是好風景，雨天也有雨天時的意趣情調，兩者同樣出色。人生也正是如此，儘管有起有落，但也未嘗不是各自精采。每次造訪仲源寺，看到門前這塊匾額時，總會感到心情豁然開朗。

Access 搭乘京阪電車到祇園四条站下車，出 7 號出口後不遠處。（地圖 P.14）

京都市
中京區

治好天皇牙疼的名醫神明

白山神社

橫跨石川縣與岐阜縣境內的白山，自古以來便被視為該山的山神，在山岳信仰的觀念中是受到崇敬的對象。奈良時代，僧侶泰澄開拓白山，白山因此成為修驗道中山伏修行的靈山，更加深了民眾對白山的信仰。

在山岳信仰中，受到崇敬的白山本身便是御神體，白山神社則創建在能仰望白山的地方（石川縣白山市），這座神社又名白山比咩神社，日後遍及全日本的白山信仰可說奠基於此。如今全國各地有超過兩千座的白山神社，石川縣這座神社則是該神社系統的總本宮。

鄭重奉祀受到棄置的神明

話說回京都，平安末期，因為受不了平家武將的粗暴肆虐，僧侶們從位於北陸的白山神社總本宮扛起載有白山之神的三座神輿，來到天皇所在的京都。僧侶們的目的是向執政者控訴平家的蠻橫，然而卻絲毫不被理會，最後甚至還被武士趕出京都。在目的沒有達成的狀況下，倉皇逃離的僧侶們再也扛不動沉重的神輿，只好將神輿留在京都的路旁，自己回到白山。後來，地方上的人們供奉起受到棄置的神輿，加以祭祀，從此京都也創立了白山神社。

高樓包圍下佔地狹小的白山神社。

治癒了歷史上最後一位女性天皇的牙痛

參拜京都白山神社可保佑牙痛痊癒，這個說法與江戶時代女性天皇．後櫻町天皇的故事有關。

後櫻町天皇是日本第一一七代天皇，也是歷史上最後一位女性天皇。女性天皇的歷史始於第三十三代的推古天皇，此外還有復辟過一次（一度退位又再度即位）的第四十六、四十八代孝謙天皇（稱德天皇），以及江戶初期，睽違八百五十九年再度出現的女性天皇，第一〇九代明正天皇。後櫻町天皇是在那一百一十九年後，於江戶後期即位的女性天皇。從天皇的位置退位成為上皇後，她仍勤於為第一一九代光格天皇攝政，是一位有國母（國民之母）美稱的英明天皇。

據說後櫻町天皇一直深受牙痛所苦，為了替她祈求牙病痊癒，宮女們前往附近的白山神社參拜，帶回在神社拜領的神箸與神鹽。天皇將神鹽塗在痛齒上後，牙痛的症狀竟然轉眼痊癒。此後，京都的白山神社便被視為能夠治癒齒病，平緩牙痛的靈驗神社，吸引許多為牙痛所苦的人造訪。

現在神社的社務所也售有神箸，用在慶祝新生兒出生百日的儀式上，有祝願孩子一生無病息災的作用。此外也有長壽箸，可用來保佑長壽。

白山神社的祭神為「菊理比売」，讀音「KUKURIHIME」，菊理的發音「KUKURI」與日語中「打結」的發音相同，因此也被視為結緣之神，吸引不少善男信女前來參拜，請求神明成就好姻緣。

Access 搭乘地下鐵東西線至京都市役所前下車，從3號出口出來，徒步5分鐘。（地圖P.14）

京都市
中京區

你在找的東西是什麼？

誓願寺

誓願寺面朝熱鬧的新京極商店建立。

沿著熱鬧的新京極通拱頂商店街往前走，即可在新京極通六角看見供奉著高大阿彌陀如來像本尊的誓願寺。這座寺院歷史悠久，於天智天皇六年（西元六六七年）奉天皇敕願創建，深具傳統。創建時原本位於奈良的這座寺院，後於鎌倉時代初期遷移至京都的一条小川旁。那個場所現在的地址是上京區元誓願寺通小川西入，地名裡還留有誓願寺三個字。

後來，天正十九年（西元一五九一年）時，在豐臣秀吉主導下整修寺町，再將寺院遷移到現址。當時寺院境內共有十八座小院林立，即使放眼京都也是數一數二的巨大寺院。然而，進入明治時代後，新京極通被規劃為一大繁華街區，寺院土地陸續遭沒收，誓願寺也逐漸縮小至今日的規模。話雖如此，深受京都人信仰這點依然不變，時常可見路過的行人停在誓願寺前雙手合十、虔誠祈禱的模樣。

保佑女性往生極樂的阿彌陀如來

誓願寺自古以來就是以保佑女性往生極樂而知名的寺院，平安時代的和泉式部與清少納言都是這裡的虔誠信徒。

在關於誓願寺的典故中便曾提到，和泉式部因失去女兒陷入痛苦，為求救贖之道，前往拜訪圓教寺（兵庫縣姬路市）的性空上人。性空上人要她「前往京都石清水八幡宮參拜，潛心祈禱」，於是和泉式部來到石清水八幡宮，祈禱了整整七天七夜，以求能夠往生極樂世界。和泉式部在這裡得到「參拜京都誓願寺本尊阿彌陀如來，以一生的時間祈求往生極樂」的神諭，便前往誓願寺削髮為尼，住進誓願寺旁的草庵祈願，最終順利前往極樂世界。和泉式部的草庵後來成為寺院「誠心院」，現在位於誓願寺南側不遠處，山門同樣正對著新京極通。

現在「找東西的」柱子上仍貼有紙條……

沿著熱鬧的新京極通往前走，當誓願寺的山門映入眼簾時，可看見左側有根巨大石柱：正面刻著「迷途者路標」，右側刻著「告知消息的」，左側刻著「找東西的」

文字。從前如果有人迷路或掉了東西，想找尋失物的人就會到柱子上刻著「找東西的」這邊貼紙條請求協尋，撿到東西的人則在刻著「告知消息的」那側貼上紙條告知失物下落。這種石柱在從前香火鼎盛，參拜客絡繹不絕的社寺經常可見。

誓願寺門前的石柱建於明治十五年（西元一八八二年），至今仍有掉了東西的人會來石柱上「找東西的」這側貼上尋找手機或鑰匙的紙條。

向落語祖師爺祈求技藝精進

誓願寺第五十五世住持安樂庵策傳，是位生於戰國時代的僧侶，為了在戰亂時代傳教，他開始思考如何用庶民也能接受的方式說法講經，於是創造出許多將經文教誨融入民間笑話的有趣故事。這些故事集結成的《醒睡笑》，日後成為許多落語橋段的靈感來源，安樂庵策傳也因此被視為落語祖師爺，受到後人崇敬，至今仍有不少從事落語或演藝相關人士前往參拜。

從牆壁與石柱間窺看「找東西的」。

Access　搭乘地下鐵東西線，於京都市役所前下車後，出 1 號出口徒步 7 分鐘。（地圖 P.14）

京都市
東山區

以絶佳默契錘鍊出的傳說刀劍下落何方？

合槌稲荷神社

從三条通神宮道往東走，可見到面對三条通的北側立著寫有「合槌稲荷神社」的石柱與鳥居。再往內走，穿過鳥居，沿著細細的石板小路繼續往前走，走到底是幾戶民宅，再穿過民宅間更窄的小路往左、往右，再往左前進，眼前終於出現一座小小神社——合槌稲荷神社的本殿。這是傳說中活躍於平安時代中期的刀匠．三条小鍛冶宗近所信仰的稲荷神社。

傳說中的刀匠．三条小鍛冶宗近是何方神聖？

三条小鍛冶宗近是平安時代中期的傳奇刀匠，稱號信濃守粟田藤四郎，一般認為他是活躍於京都的刀匠集團「三条派」始祖。三条派是所有日本刀之刀匠集團中歷史最古老的流派，現在的合槌稲荷神社就是三条派所建立，許多三条派的刀匠都住在三条粟田口一帶。直到現在，那附近仍有名為「鍛冶町」的地方。

三条小鍛冶宗近的刀有兩種刀銘，一是

從鳥居後方的細小窄巷往右再往左，出了巷弄後就是神社本殿。

「宗近」，一是「三条」。三条小鍛冶宗近鍛造的刀現存極少，最為人所知的代表作是日本國寶，名為「三日月宗近」的名刀。這把刀名列天下五劍之一，也被評為其中最美的一把，堪稱名物中的名物。三日月宗近為德川將軍家所傳，目前收藏於東京國立博物館。

此外，於京都祇園祭中山鉾巡行時登場的長刀鉾也有其由來。原來山鉾頭用的正是三条小鍛冶宗近製的大長刀，因此才被稱為長刀鉾。現在真的大長刀做為長刀鉾町內的寶物嚴密收藏，一般人無法看見。

獻給一条天皇的名刀「小狐丸」

「小狐丸」，傳頌於歌謠《小鍛冶》中的名刀。

專欄

舊東海道之出入口

刻著「粟田口」的石碑。

現在的三条通神宮附近有個叫「粟田」之地，從平安時代的三条小鍛冶宗近開始，這一帶一直住有許多三条派的刀匠。到了後世的江戶時代，這裡又因成為京燒之一的「粟田燒」產地而熱鬧起來。此外，由於連結京都與江戶的大街「東海道」穿過整個粟田町，因此粟田町在歷史上亦曾被視為京都的出入口之一，有「粟田口」之稱。

關於這把刀的傳說是這樣的：某天晚上，第六十六代一条天皇於夢中獲得天啟，要他命三条小鍛冶宗近打造一把刀劍，於是天皇便命宗近製作這把獻給朝廷的刀。宗近雖拚了命地鍛造，卻始終做不出滿意的成果，只得向自己虔敬信仰的稻荷神祈願。結果，稻荷神靈於半夜化身為童子現身，與宗近共同完成默契十足的「合槌」（一般都是師父與弟子合力擊槌敲打），名刀小狐丸就此問世。此事過後，宗近開始在宅邸內建立祭祀稻荷的神社，那座神社至今仍被稱為合槌稻荷神社，受到民眾祭祀。

附帶一提，小狐丸原是真實存在的刀劍，後由攝關家（貴族）之一的九条家族祕密收藏，如今下落不明，成為傳說中的刀劍。

Access　搭乘地下鐵東西線，至東山站下車，出 1 號出口後徒步 4 分鐘。（地圖 P.14）

京都市
北區

「玉轎」將軍之母也用炙餅祈求健康？

今宮神社

在建立平安京之前，今宮神社附近已有祭祀疫神的神社，在平安京建立後的正曆五年（西元九九四年），京都流行起疫病，為了祈求惡靈退散，便請當地疫神乘上神輿，於船岡山加以祭祀，這便是紫野御靈會（平息帶來疾病之惡靈的祭典）。

長保三年（西元一〇〇一年），疫神船再度從船岡山遷回現址，並起造了新的社殿，就是現在今宮神社的起源。

將軍之母是乘坐玉轎的桂昌院

到了江戶時代，今宮神社與一位名叫桂昌院的女子有了密不可分的關聯。

桂昌院是江戶幕府第五代將軍德川綱吉的生母。她原是西陣一間蔬果行老闆的女兒，本名叫「阿玉」，後來成為二条家阿萬之方的侍女，在阿萬之方嫁入德川將軍家做側室時，做為貼身侍女一同前往江戶。後來，江戶幕府三代將軍德川家光看上阿玉，也將她納為側室，

以明治時代重建的本殿為中心，並列著各種社殿。

生下後來的五代將軍德川綱吉。

生於西陣的桂昌院篤信今宮神社，於元祿七年（西元一六九四年）時重建了荒廢的社殿，祭典也舉辦得比過去更盛大隆重。

此外，蔬果行的女兒阿玉當初前往江戶城時乘坐了轎子，據說「玉轎」這個名詞便是由此典故而生（眾說紛紜，這只是其中一種說法）（註：日語中的「乘玉轎」有「嫁給有錢人」、「釣上金龜婿」的意思）。現在的今宮神社也有販售玉轎護身符，想嫁入豪門的女性不妨在造訪今宮神社時買一個。色彩繽紛的護身符還配合了阿玉蔬果行女兒的出身，上有京野菜（註：京都生產的蔬菜稱為京野菜）圖案的刺繡。

教織女使用織布機的紡織之神

今宮神社境內藏有不少值得一看的景點。

首先，從本殿往左步行，可看到一間名為「織姬社」的神社。其中供奉的祭神叫「栲幡千千姬命」，是西陣地方不可或缺的紡織之

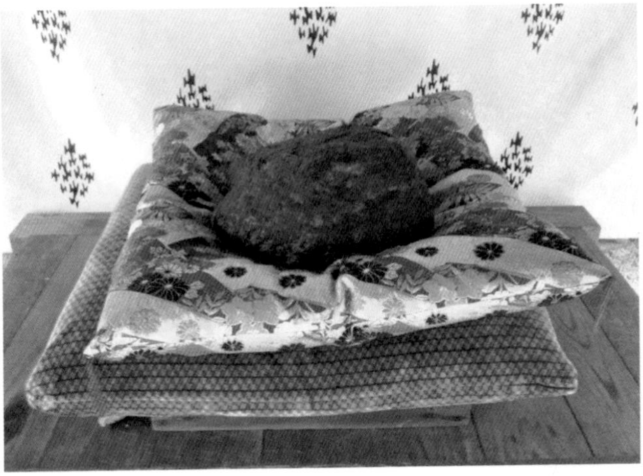
神石「阿呆賢桑」。

神，也是傳說中教織女使用織布機的神明，至今仍深受祈求織布技藝精進的人們崇敬（註：西陣地方最有名的即是名為「西陣織」的織品工藝）。在社殿前方，左右各建有一巨大的織梭（織布機的零件之一，用來在直線中穿梭織入橫線的工具）。

這裡還有「大將軍社」，祭祀的是平安京守護神，也是被祭祀於大德寺門前的神明。「宗像社」內祀奉的則是守護交通安全的神明。順帶一提，支撐宗像社社殿的基壇側面刻有鯰魚雕像，這座神社又被稱為「弁天桑」，此處雕刻的鯰魚乃是傳說中神明的使者。

此外，還有一顆人稱「阿呆賢桑」的石頭，據說有治癒疾病的功效，人們相信體弱多病者來此祈求身體健康，伸手輕輕撫摸石頭後，再摸身體有病痛之處，就能加速疾病痊癒。這顆石頭又稱「重輕石」，參拜時先以手掌輕輕拍打石頭三次，初次拿起石頭時，石頭是沉重的，接著一邊誠心誠意祈願，一邊用手心輕輕撫摸石頭三次，若再次將石頭拿起時變輕了，心願就能實現。各位來此時也不妨嘗試看看。

祈願健康後，再享用名產「炙餅」（あぶり餅）

結束參拜後，穿過東門踏上參道，對面就有販賣名產炙餅的商店。參道北側有茶店「一文字屋和輔」，南側有茶店「飾屋」（かざりや）。所謂炙餅，是以碳烤撒上黃豆粉的年糕，再沾白味噌醬品嚐的點心。自古以來，人們都認為吃了炙餅便能無病息災。造訪今宮神社時，除了祈求健康之外，試著來一串炙餅也不錯。

炙餅一人份 500 日圓。

Access 搭乘京都市公車至船岡山站下車，徒步約 7 分鐘。（地圖 P.12）

第二章

與名人相關の私藏景點

京都市
中京區

與空海淵源匪淺的靈場，日本唯一「迴轉神社」

神泉苑・惠方社

世界遺產二条城南邊，有個被視為平安京遺跡的池塘，名叫「神泉苑」。這一帶是平安京的中心地，位置接近天皇與貴族們行政的「大內裏」，是一般庶民禁止進入的地區，同時也是天皇與貴族乘舟遊興的地方。此外，據說無論日照多麼強烈，這裡的池水都不會枯竭，宛如「神之泉」一般，這便是池名「神泉苑」的由來。

不過，當炎熱的天氣持續，乾旱導致庶民飽受無水可飲之苦時，神泉苑也會向一般庶民開放，允許大眾飲水。因此，庶民們便懷著尊崇的心情，以「御池」之名稱呼神泉苑，這也是神泉苑前那條路稱為「御池通」的原因（眾說紛紜，這只是其中一種說法）。

在空海祈禱下，下了三天三夜的雨

後來，神泉苑更成為深受大眾信仰的祈雨靈場。

天長二年（西元八二四年），京都發生嚴重乾旱，奉天皇敕命，空海前往神泉苑祈禱，

正對御池通而建的鳥居。

乞求上天降雨。不料，與空海敵對的僧侶守敏卻使用法力封印帶來雨水的龍神，使得空海的祈禱無法上達天聽，老天遲遲不降雨。不甘示弱的空海用盡最後的法力，喚醒掌管降雨的龍神「善女龍王」，京都終於久旱逢甘霖。從此之後，神泉苑便被視為靈驗的祈雨場所。

附帶一提，在那之前，天皇曾賜予空海東寺、守敏西寺，在這場法力之爭由空海獲勝後，空海的東寺一直香火興旺到後世，而守敏的西寺則逐漸沒落。

此外，平安時代中期的歌人・小野小町也曾在神泉苑吟歌乞雨，一將寫有和歌的紙片放入神泉苑池水中，比叡山上瞬間烏雲翻湧，降下大雨，那年也成為五穀豐收的一年。

平安時代末期，有白拍子舞者靜御前跳舞祈雨（註：白拍子是流行於平安時代末期到鎌倉時代的一種歌舞）。據說，一群白拍子舞者們聚集在神泉苑前跳舞，即使已聚集九十九名舞者共舞仍不見降雨，直到最後第一百名舞者靜御前開始跳舞，天上才終於降下雨水。靜御前在這神泉苑前跳

神泉苑中棲宿著掌管雨水的龍神。

舞祈雨時與牛若丸（源義經）相遇的故事，也一直流傳了下來。

受天皇賜予官階的「鷺」

平安時代前期，第六十代醍醐天皇駕臨神泉苑之際，看到一隻鷺鷥在池邊歇息。天皇命令隨從捕捉鷺鷥，但隨從才一靠近，鷺鷥便飛了起來。隨從只好對鷺鷥喊「這是天皇的聖旨」，鷺鷥竟立刻平伏在地。見到這個情形的天皇大喜，便封予這隻鷺鷥「五位」官階。從此之後，這隻鷺鷥便被稱為「五位鷺」，故事也被寫成了一首歌謠。

在除夕夜迴轉，於新年時朝「惠方」改變方位

神泉苑這裡有個頗具特色的神社，這間神社每年都會朝「惠方」，也就是那一年最好的方位轉向，故也稱為「惠方社」。每年除夕夜，住持等人會配合根據陰陽道所決定的新年惠方，將社殿抬起來轉換方向。這裡也是日本唯一的惠方社。

順帶說明，二〇一七年的惠方是北北西方，二〇一八年的惠方是南南東方，二〇一九年的惠方則是東北東方。前往參拜時，最好先確認該年度的惠方是什麼方位，祈求在這個方位上發生好事吧！

會改變社殿方向的惠方社。

Access 搭乘地下鐵東西線至二条城前站，出 3 號出口後不遠處。（地圖 P.15）

京都市
上京區

向學問之神・道真公祈求免於水火之災

水火天滿宮

說到天滿宮，大家都知道裡面祭祀的是平安時代的貴族菅原道真，他也是深受信仰的學問之神。不過，西陣這裡還有一座保佑不受水火之災的水火天滿宮。

菅原道真原本是深受平安時代前期第五十九代宇多天皇及第六十代醍醐天皇信賴的右大臣，之後卻遭到左大臣藤原時平向天皇進讒言攻訐，被貶至九州太宰府，最後更在當地抑鬱而終。據說道真的不平怨念化為怨靈回到京都，導致發生雷打御所清涼殿等各種異象……

根據水火天滿宮的典故內容，「為將菅原公奉為消除雨水雷火之災的守護神祭祀，天皇敕命延曆寺尊意僧正，於洛陽一条上下松之靈地建立日本最初之天滿宮」。換句話說，為了平息京都的水患與火災，醍醐天皇命道真之師，即延曆寺的尊意僧正將道真御靈之分靈勸請至此地，並於延長元年（西元九二三年）六月二十五日，由醍醐天皇賜予「水火之社天滿自在天神宮」之號，在此建立祭祀菅原道真神靈的水火社天滿宮。

一到春天就開滿紅枝垂櫻的水火天滿宮。

創立之初的地點亦是尊意之宅邸，位於西陣的一条下松，這裡是尊意下山時會見道真之處，也是與道真關係深厚的土地。其後，到了文明四年（西元一四七二年）九月十日，第一〇三代的後土御門天皇為了祈雨而來水火天滿宮參拜，從此水火天滿宮便於每年十月十日（舊曆九月十日）舉行例祭，一直流傳到今日。

水火天滿宮在漫長的歷史中經過幾次遷移，最後於昭和二十五年（西元一九五〇年）遷移至現址。

曾出現道真神靈的登天石。

神社境內，有顆稱為「登天石」的石頭。

河川像摩西分紅海一樣分開……

據說某一天，尊意為了平息道真的怨念，在雷雨之中急赴宮中。但尊意才剛來到鴨川邊，河水就突然暴漲，淹過堤防襲來。幸好在尊意的祈禱下，水位再次下降，分成兩道的河底，石頭上出現道真的神靈。神靈消失於雲中，雷雨也立刻停歇。尊意將那塊出現道真神靈的石頭帶回家中，憑弔道真之靈。那塊石頭就是如今的登天石。

此外，登天石後方有一棵稱為「菅公影向松」的松樹。影向指的是神佛短暫現形之意，傳說菅原道真也曾多次在這棵松樹上現形。不過，現在的松樹已經是不知道第幾代的菅公影向松了。

京都其他與道真相關的神社

說到京都其他與菅原道真相關的神社，其中最有名的就是北野天滿宮。江戶時代勉學盛行，學問之神菅原道真自然深受人民信仰，設立了不少與道真相關的神社。

西洞院高辻被視為道真的誕生地，如今仍有菅大臣神社（地圖P.15）坐鎮於此。祭祀學問之神的這座神社境內留有水井，傳說道真出生時，便是打此井中之水燒成產湯使用，井水也因此稱為菅公誕生水。神社附近有北菅大臣神社，其中祭祀的是道真的父親菅原是善。

此外，京都御所西側有一座菅原院天滿宮（地圖P.15）。歷代菅原氏的宅邸皆稱為菅原院，因此也有人說這裡才是道真的誕生地。

不只如此，從京都車站徒步約十分鐘之處，還有一座文子天滿宮（地圖P.15）。相傳道真的奶媽（養母）多治比文子夢見道真對她說「在右近的馬場祭祀我」，但貧窮的文子無法建造社殿，只能在自己家中設立一個小祠堂，就是文子天滿宮的起源。也有人認為所有的天滿宮皆發祥於此。

道真喜愛的梅花，於菅大臣神社中綻放。

Access 搭乘京都市公車，於天神公園前下車即達。（地圖 P.12）

京都市
下京區

「供奉空也」的諧音變成圖子名稱……

膏藥圖子

在京都，巷弄寫成「路地」，讀音「ROJI」。其實，巷弄細分起來有「圖子」，也有「路地」，一般來說，連結大路與小路的巷弄稱為「圖子」，而走到盡頭無法通行，形成死路的巷弄則稱為「路地」。不過，兩者的區分也不是非常嚴格。

直到現在，仍有很多稱為路地或圖子的巷弄。比方說，從四条烏丸往西走五分鐘左右的地方，會看到一條連結新町通與西洞院通的巷弄，這條巷弄有個特殊的名字，叫做「膏藥圖子」。

沿著膏藥圖子走，途中可看到人稱神田明神，祭祀平安中期武將平將門的小小神社。武將平將門在經歷幾場戰役之後累積了勢力，最終甚至占領東國常陸國、上野國和下野國。最後他在東國築起王城，設置百官，自稱新皇。然而，不久之後他就被平貞盛擊垮，遭到斬首，頭顱送往京都高掛示眾。傳說中，那顆頭顱為了找回自己的身體，竟然騰空飛回遙遠的東國，或許出於平將門的怨念，原本在京都將其頭顱高掛示眾之處，接二連三發生不祥事件。於是，空也上人在這裡建立御堂，憑弔命運悲慘的平將門，這座寺院因此稱為空也供養之道場。不知何時，「供養」（KUYOU）兩字訛傳為「膏藥」（KOUYAKU），成為了膏藥圖子的由來。祭祀平將門神靈的神田明神，就在這條膏藥圖子中段左右的地方。

話說回來，那顆飛走的頭顱，據說後來落在東京大手町附近。如今大手町的大樓之間還留有將門之首塚，別名將門塚。這座將門塚所在之處，於多年後關東大地震及二次世界大戰後，都曾因土地計劃而面臨可能搬遷的命運，然而，每一次即將搬遷時，都發生了據說是將門怨靈作祟引起的事件，搬遷計劃因而作罷。結果直到現在，首塚還在當時的地方。

從四条通連結綾小路通的膏藥圖子。

Access　搭乘京都市公車至四条西洞院站，下車即達。（地圖 P.15）

專欄

關於京都巷弄的二三事

在京都諸多的「圖子」與「路地」中，還有其他像膏藥圖子這樣，以傳說或人物命名的巷弄。其中之一就是了頓圖子（地圖P.15）。

沿著烏丸三条走五分鐘左右，就會來到據說是安土桃山時代茶人．廣野了頓的大宅，連天下人豐臣秀吉都曾在此喝過茶。根據了頓的遺志，除了夜間時段，大宅隨時都能讓人自由通行，了頓圖子的名稱就來自廣野了頓。

此外，西陣也有一個以室町時代將軍專屬繪師聞名的狩野派宅邸，那裡就有一條名叫狩野圖子的巷弄。

名稱來自茶人廣野了頓的「了頓圖子」。

還有，同樣是在西陣，有一條過去聚集不少西陣織紋屋的紋屋圖子（地圖 P.12），順著那裡往下走會走進細窄的三上家路地。在三上家路地這條巷子，至今仍留有西陣織商三上家的工匠所居住的長屋。古色古香的街道，依稀看得出一百三十年前的樣貌。現在則有不少陶藝家、染色家和攝影師在這裡生活。

京都市
下京區

弁慶與牛若丸在哪裡開戰？

五条大橋

筆者還是大學生時，曾隸屬「京都學生導覽俱樂部」這個組織，以巴士導遊的身分做過觀光導覽員。那時，每逢觀光巴士通過五条大橋時，一定會唱這首日本童謠：

童謠「牛若丸」

①京都的五条大橋上，大漢弁慶他，揮起長長的薙刀，朝牛若丸斬去。

②牛若丸向後一跳，丟出手中的扇子，跳上欄杆上拍手大喊，來啊來啊放馬過來。

③前後左右，身輕如燕，以為他跳到這裡了，結果又跑去那裡，連凶狠的弁慶也認輸。

五条大橋上的擬寶珠（註：建築欄杆上的洋蔥形裝飾）。

歌詞中描寫了牛若丸與弁慶在五条大橋上相遇開戰的場景。此外，現在的五条大橋靠西的中央分隔島上，還豎著牛若丸與弁慶的「御所人形」（註：始於江戶時代，京都製作的觀賞用人偶，多半為兒童造型）石像。

弁慶與牛若丸在松原橋上對戰？

現在的五条通，在平安時代原本稱為六条坊門小路，而過去的五条大路，則成了現在的松原通。這兩條路的名稱之所以改變，是因為天下人豐臣秀吉參拜方廣寺時，將鴨川上的五条大橋遷移至原本六条坊門小路的位置，現在那個位置就變成了五条通，而原本的五条大路後來就改稱為松原通了。

這麼說來，弁慶和牛若丸對戰的地方就不是現在的五条大橋囉？正確來說，應該是過去的五条大橋，也就是現在的松原橋嗎？關於這點，如今依然眾說紛紜。

平安時代的五条大路，也就是現在的松原通上，有個稱為五條天神宮的神社（註：条和條是通同字，故有兩種寫法）。這間神社於延曆十三年（西元七九四年），隨著第五十代桓武天皇遷都平安京而創立，是一間具有悠久歷史與傳統的神社。因為在過去的五条通上祭祀天神（雷神）而得名，現在也還坐鎮在正對松原通的位置。

根據記載牛若丸（源義經）傳說的《義經記》內容，治承四年（西元一一八〇年），牛若丸與弁慶的初次相遇地點就在五條天神宮前，西洞院川上的橋上。此外，書中也提及他們隔天在清水寺舞台上對戰的事。

滿溢的紅豆餡，名為「弁慶」的大最中

（註：「最中」是一種包紅豆餡的日本點心）

橫渡現在的松原橋往西，穿過河原町通，道路北側有間叫做「幸福堂」的和菓子店。這間店的名產是一種名為「五条擬寶珠最中」的點心，形狀仿造五条大橋欄杆上的擬寶珠。這裡賣的最中有兩種大小，小的最中叫「牛若丸」（一個含稅一百九十四日圓），大的最中叫「弁慶」（一個含稅兩百四十八日圓）。其中尤以「弁慶」料多實在，滿滿的紅豆餡多到溢出餅皮外。這裡的點心也提供網路訂購，雖然必須整盒購買，但若有機會務必品嚐看看。

五条擬寶珠最中「弁慶」。

Access 搭乘京阪電車，從清水五条站3號出口出來即達。（地圖 P.14）

京都市
東山區

平重盛宅邸的庭園化身 最高級的飯店花園

積翠園

在許多海外觀光客造訪下，京都目前正進入空前的觀光潮。這樣的潮流，吸引了不少外資高級飯店陸續進駐京都。二〇一四年二月，麗思卡爾頓酒店在京都可一覽東山三十六峰的鴨川河畔正式開幕，提供融合傳統與現代，極致時尚的空間與具備古都風情的服務。二〇一五年三月，京都翠嵐豪華精選飯店設立，坐落於可盡賞聞名天下的風景、勝地嵐山的河畔。此外，喜達屋酒店及度假酒店國際集團旗下最高等級的飯店也初次進駐日本。

接著是二〇一六年十月，東山七条天台宗三門跡寺院之一的妙法院北側誕生了京都四季飯店。從京都女子大學對面，俗稱女坂側的正面入口大廳進去，就能看見一樓餐廳的挑高天花板與大片窗戶。由這片開闊的窗戶望出去，外面是充滿綠意，擁有水池的寬敞庭園。這座庭園正是繼承了平安末期至今約八百年歷史，原本屬於平重盛宅邸的庭園——積翠園。

積翠園是少數保留平安末期庭園風光的名勝遺跡。

平安時代末期的庭園 搖身一變為奢華空間

身為掌握絕大權力的平清盛長子，平重盛性格溫厚冷靜，文武兼備，受到眾人信賴，人人都相信即使清盛過世，只要平家還有重盛在就能安心。從鹿谷陰謀企圖打倒平家之際，安撫被激怒的父親平清盛，挺身制止後白河法皇幽禁等事件看來，重盛也是少數敢對清盛提出諫言的人物。不料，治承三年（西元一一七九年）七月二十九日，重盛因病辭世。平家一族失去了與當時掌權者後白河法皇居中協調的重盛，自此逐漸走上凋零之路。

過去曾是平重盛宅邸的場所，就在現在的京都四季飯店一帶，重盛宅邸遺跡積翠園在漫長歷史中經歷了幾番整修與轉讓，如今做為飯店庭園的一部分延續下來。

漫步庭園享受歷史，不同於日常的感受

積翠園是在東西向長池中配置大島與小島的池泉迴遊式庭園。建於平安時代末期的庭園，只有極少數保留至今，積翠園雖曾在江戶時代經過改建，但仍被視為寶貴的庭園遺蹟。

從飯店建築的方向眺望庭園，可看見池子中央一座較高的小島，上有象徵仙人居所蓬萊山的石階，石階旁有五塊稱為「夜泊石」的石頭，代表裝滿來自蓬萊山寶物的寶船停泊於此。這種配置庭園的技法亦可見於苔寺及金閣寺等庭園，屬於中世紀的造庭技法。

走出飯店建築，沿著庭園細窄小徑走，眼前會出現茶室「積翠亭」，除了夜間可以在此一邊欣賞點了燈的庭園、一邊品嚐日本酒外，也可享受立禮式的茶道體驗（限住宿者，採預約制）。

曾經立於權勢頂點的平重盛一定想不到，自己的宅邸會在八百多年後，搖身一變為豪華飯店的一部分吧！

Access 搭乘京都市公車至馬町站下車即達。（地圖 P.14）

京都市
下京區

一年一度的御開帳，後白河法皇御尊像

長講堂

愈值得感恩的事物，取的名稱就愈長。

京都長講堂的正式名稱是「法華長講彌陀三昧堂」，代表這裡是一座永恆稱頌法華經，誦唸阿彌陀佛，以求進入三昧境界（捨去一切雜念之意）的寺院。這裡簡稱長講堂，是一間與平安時代末期，第七十七代後白河天皇關係深遠的寺院。

走過激烈變動時代的後白河天皇

平安時代末期，後白河天皇以掌握院政、行使權力的第七十四代鳥羽天皇的第四皇子身分誕生。他與不受父親鳥羽天皇關愛的兄長，即第七十五代崇德天皇之間因爭奪皇位而對立，是牽扯了武士平氏與源氏的保元之亂中心人物。在這場鬥爭中獲勝的後白河天皇掌握大權，即使在將皇位讓給二条天皇後，仍持續掌握了五代天皇的院政（註：院政是日本政權由攝關政治轉移到幕府的過渡時期政治體制。天皇禪讓皇位自稱上皇，在「院」中攝政，是皇權為了抵抗攝關政治而發展出來的政治制度）。從源平爭亂到鎌倉幕府設立為止，後白河天皇在這段政治社會天翻地覆的變革時期，巧妙地延續了朝廷的威權。他深信佛教，成為法皇後仍致力於建造佛寺。

救了後白河天皇之命的身代不動明王

被後白河天皇定為政治中心地的，是現在東山七条一帶的法住寺。這是平安時代中期，由藤原為光所創建的寺院，據說寺中本尊的不動明王像出自平安時代初期的慈覺大師円仁之手。

後白河天皇進入院政期後，便以這座法住寺為中心，於西至鴨川、東至東山連峰山腳下的廣大土地上興建了南殿、西殿與北殿三座御所，合稱法住寺殿。南殿是天皇居住之處，同時興建了東小御堂、不動堂、千手堂等殿堂，其北側並有長寬二年（西元一一六四年）由平清盛進獻的蓮華王院（俗稱三十三間堂）。後來，南殿於壽永二年（西元一一八三年），在與後白河天皇嚴重對立的木曾義仲軍進攻下燒毀。後白河天皇駕崩後，法住寺做為守護後白河天皇御陵的寺院，一直保存到江戶時代末期，進入明治時代後才將寺院與後白河天皇陵分開至今。

據說遭木曾義仲火攻之際，後白河天皇差點被燒死，只因平日虔誠信仰的法住寺不動明王代替了他才逃過一劫。從此之後，這裡的不動明王便成為各種苦難的替身，得到「身代不動明王」的稱號，受到民眾深厚信仰（註：日語中「身代」就是替身的意思）。

後白河天皇晚年一直住在過去曾為六条西洞院的長講堂，最後也在那裡結束了生命。

守護後白河天皇臨終的阿彌陀如來

後白河天皇的臨終之地長講堂平時不對外公開，一般人無法進入參拜。據說本堂中祭祀的本尊「阿彌陀三尊像」製作於平安時代，後白河天皇於臨終之際，用五色彩線綁起自己與阿彌陀如來的手，祈願往生極樂世界，在念佛聲中駕崩。

長講堂門前豎有刻著「元六條御所」的石碑。

長講堂最早是壽永二年（西元一一八三年）時，後白河天皇在六条御所中建立的持佛堂。因為長年在此講習《法華經》之故，所以取了法華長講彌陀三昧堂的名稱。

後白河天皇駕崩前，將分佈於全日本的廣大天皇家莊園（土地）贈與長講堂，這批土地便是史上著名的「長講堂領」。後白河天皇駕崩後，由皇女宣陽門院覲子內親王繼承，成為日後皇室經濟的基礎，也是皇室得以保留的一大關鍵。

擁有這樣歷史的長講堂，於漫長的時光中屢次遭遇火災，後來在豐臣秀吉的「寺町形成」策略下遷移至現址。如今雖成為小規模的寺院，高高豎立於門前的「元六條御所」石碑，則彷彿在彰顯著它在歷史上顯赫的地位。

後白河法皇御尊像，每年四月十三日御開帳

（註：指佛教寺院將放置本尊佛像的佛堂或佛壇打開，供信眾參拜）

長講堂內的寺寶之一，就是以犀利眼神令人感受到後白河天皇威嚴的後白河法皇御尊像。御尊像只在每年四月十三日法皇忌日法會時開放參拜。

據說這座御尊像是按照傳說中後白河天皇的自畫像「後白河法皇御真影」所雕刻，那幅御真影原本被北朝第三代崇光天皇封印於箱中嚴密保管，只在五十年一度的後白河天皇大遠忌那天，於宮內廳敕使見證下解開封印，對外公開。下一次的御開帳，預定將在二〇四一年舉行。

Access 搭乘京都市公車，在河原町正面站下車後徒步約 5 分鐘。（地圖 P.14）

京都市
左京區

法然上人淨土念佛的黑谷桑

金戒光明寺

金戒光明寺位於可俯瞰京都市街的小高丘上，人們總以親暱的方式稱呼這裡為「黑谷桑」。這是因為開創淨土宗的法然上人修行之地，是比叡山上一處名為黑谷的場所，而法然上人下比叡山後，第一次誦經念佛的地方就在這金戒光明寺，為了紀念法然上人，於是將金戒光明寺暱稱為黑谷桑。

法然上人坐過的紫雲石

說到法然上人，眾所周知，他是開創淨土宗的宗祖，為了拯救所有痛苦煩惱眾生，上人痛切感到佛教的必要性，在閱讀了龐大的經書後，得出的結論是——只要專注誦唸「南無阿彌陀佛」，就能在阿彌陀如來的引導下前往極樂世界。於是承安五年（西元一一七五年），上人四十三歲那年下了比叡山，當時他初次念佛佈教的地方，就是現在金戒光明寺的所在地。

起初，法然上人坐在山丘一顆大石頭上念佛。這時，空中忽然紫雲翻湧，身旁眾人目睹天上出現幾束光芒朝地面照射的靈異景象。那顆石頭於是被稱為「紫雲石」，至今仍保留在金戒光明寺塔頭的西雲院內。此外，寺院的「光明寺」之名，也是取自幾束光芒（光明）照射地面之意。後來，北朝第四代後光嚴天皇再賜以「金戒」二字，寺名正式定為如今的金戒光明寺。

山門上層有第一百代後小松天皇親自寫下的「淨土真宗最初門」匾額，意思並非指此處為淨土真宗，而是表示這裡是最初真正宣揚淨土宗教誨的地方。

在法然上人之下出家的熊谷直實

在法然上人之下出家的人物中，有一個叫做熊谷直實的人。直實是在《平家物語》中也曾出現的源氏陣營武將，為了超渡源平合戰中犧牲的眾多武士而出家。

直實與出現在《一谷嫩軍記》中而為人所知的平家公子平敦盛之間也有一段故事。

在一之谷合戰中，直實制伏了一個平家的武士，仔細一看，發現對方是個年紀和自己孩子差不多大的年輕武士，不由得佩服對方的勇敢，決定放對方生路。然而，周遭已被源氏陣營的軍力包圍，即使自己不下手，這年輕人也會死在別人手中，與其如此，不如自己動手……這麼一想，直實只得忍痛斬殺這個年輕人。事實上，這個年輕武士正是平敦盛。據說源平之爭過後，直實隆重地為敦盛做了超渡供養。金戒光明寺內，有一棵直實出家之際懸掛鎧甲的「鎧掛松」。不過，現在這棵松樹已經是第三代了。

此外，寺院內側的法然上人御廟前，直實的供養塔正對著平敦盛的供養塔，彷彿兩人面對面一般。

幕末以此為本陣的會津藩主・松平容保

到了江戶時代，金戒光明寺受德川將軍家捐獻，寺院也不斷擴大。建立於院內後方的三重塔，是為祈求江戶幕府二代將軍冥福而設，除此之外，寺院內還留有許多與德川將軍家相關的史蹟。

另外，到了幕府末期，會津藩主松平容保與藩士們負責京都的治安監視，將這裡做為京都守護職的本陣（註：這裡的本陣指的是專供武士、官吏宿泊的場所）。京都守護職麾下成立新選組時，新選組的局長近藤勇多次造訪金戒光明寺，與松平容保會面，現在還可看到當時被稱為「謁見之間」的房間。會津藩的墓地也還留在寺院中，隆重祭祀著那些遠離故鄉，守護京都治安而喪命的武士英魂。

來自直實典故的鎧掛松（現在這棵是第三代了）。

御影堂內安放著雕刻法然上人七十五歲時身影的木像。

看過一次就難忘，爆炸頭阿彌陀如來

金戒光明寺裡保留了許多寶貴的佛像。首先，祭祀法然上人木雕像的御影堂內，如今也存放著一尊文殊菩薩像，這尊菩薩像原本祭祀於為祈求秀忠冥福而蓋的三重塔中，後來遷移至此。這尊菩薩像是鎌倉時代初期的佛師．運慶所作，是一尊描繪出文殊菩薩跨騎在獅子身上的精美佛像。

除此之外，寺院後方墓地入口有一座五劫思惟阿彌陀如來石佛像。五劫是佛教用語，指的是漫長的時間。這尊石佛像便是花了漫長的時光思索如何引導人們前往極樂世界，導致頭髮增長，變得像爆炸頭一樣的阿彌陀如來，是一尊外表相當特殊的佛像。

Access 搭乘京都市公車到岡崎道站，下車後徒步約 10 分鐘。（地圖 P.14）

京都市
右京區

足利義滿創建的寺院是私藏賞楓勝地

鹿王院

位於嵐山附近，鹿王院內有座名為開山堂的建築。「開山」在佛教用語中指的是初代住持的意思，鹿王院的開山堂裡，祭祀的正是第一代住持普明國師像。此外，也祭祀著創建鹿王院的室町幕府第三代將軍・足利義滿的木雕像。

足利義滿與春屋妙葩之間深厚的信賴

這位人稱普明國師的禪僧名叫春屋妙葩，他的舅舅是室町初期、室町幕府初代將軍足利尊氏與第九十六代後醍醐天皇所崇敬的禪僧・夢窗疏石。春屋妙葩繼承夢窗疏石的佛法，卻因與天台宗及室町幕府管領・細川賴之對立的緣故，選擇隱居於京都北部的丹後。直到十年之後的康曆元年（西元一三七九年），妙葩才受足利義滿的請託回到京都。這件事的背後，其實存在著兩人之間強烈的信賴關係。

足利義滿九歲時，父親室町幕府二代將軍足利義詮辭世，隔年，義滿便以十歲稚齡當上將軍。父親死去前不久，義滿曾到天龍寺參

從遍布青苔的庭園中遠望嵐山。

拜，在那裡結識當時的住持妙葩，從此培養起兩人之間深厚的信賴。

回到京都的妙葩，在義滿的任命下出任南禪寺住持，並且負起統領全國禪寺的任務，成為臨濟宗中當代禪僧的第一人。

康曆二年（西元一三八〇年），義滿在嵯峨之地創建寶幢寺，以妙葩為開山住持，建立開山堂，稱為鹿王院，與附近的天龍寺及臨川寺合併為巨大禪寺，又增建了隸屬其下的大約一百五十處寺院，整體氛圍極為莊嚴隆重。然而，應仁之亂時燒毀了寶幢寺的堂塔，寺院隨之衰頹，最後只剩下鹿王院，繼承了寶幢寺的歷史至今。

鹿王院的開山堂裡掛著一幅室町前期描繪的地圖，從中可一窺當時嵐山、嵯峨一帶的樣貌。只見地圖上繪出數量驚人的寺院，感受得到當時禪寺勢力之大，同時也不由得緬懷起當年重建天龍寺與臨川寺，參與寶幢寺創立的禪僧春屋妙葩偉大的姿態。

祭祀於靜謐空間的佛牙舍利

穿過鹿王院小小的山門，沿著一條石板參道往內走，就能來到一處春有新綠、秋有紅葉，四季繽紛的隱藏版庭園名勝。從玄關走上殿舍，眼前展開一片美景：綠色苔地上樹木群生的庭園，後方則是以嵐山為背景的開山堂與舍利殿。開山堂中除了普明國師及足利義滿像外，還祭祀著傳說由鎌倉時代大佛師．運慶所作的本尊釋迦如來像與十大弟子像。其中尤以十大弟子像最是栩栩如生，彷彿隨時都要動起來一般，造訪時別忘了仔細參觀。

春有新綠、秋有紅葉，色彩繽紛的參道。

建造於院內最深處的舍利殿中，安放有據說是鎌倉幕府三代將軍源實朝從中國宋朝尋求得來的寶貴佛牙舍利（釋迦火葬後得到的牙齒與遺骨）。佛牙舍利收藏在佛櫃中，再收納於寶塔內珍藏祭祀，只在每年十月十五日「御開帳」時開放參拜。

Access 搭乘嵐電至鹿王院站，出站後徒步約 5 分鐘。（地圖 P.13）

織田信長真有信仰神佛之心嗎？

織田信長，不為人知的歷史故事巡禮

本能寺之變，日本戰國史上最大的事件。在這場事變中失去生命的，是人們熟知的歷史人物織田信長。

信長生於尾張國（愛知縣），永祿三年（西元一五六〇年），在桶狹間之役中攻破今川義元，聲勢崛起，攻克諸大名，於元龜四年（西元一五七三年）將室町幕府第十五代將軍足利義昭驅離京都，室町幕府就此滅亡。之後，信長在近江國（滋賀縣）築起安土城，準備統一全國。一方面破壞社寺等中世的權威，一方面為發展經濟而廣設樂市、樂座，果敢進行各項革新事業。然而，最後卻在明智光秀的突襲之下死於京都本能寺。

繼承自齋藤道三的秘佛

在二条釜座這裡有一個叫藥師院的小寺院，其中供奉的本尊據稱是平安時代天台宗祖最澄所雕刻的藥師如來像。這尊藥師如來像從戰國武將齋藤道三手中讓與女婿織田信長，之後於信長來到京都之際供入藥師院祭祀。

貞應二年（西元一二二三〇年）疫病流行，這位藥師如來出現在住持夢中，告知「一切病苦，只要來我面前，諸病盡除，來也來也」，如此治癒了人們的疾病。此後，這裡就被稱為「來也藥師」，附近的二条通也因此開設了許多藥房，生意興隆。由於曾有這段典故，現在的二条通上仍留有不少藥品批發商。

來也藥師平常做為秘佛小心翼翼地受到保管與祭祀，只在每年十月八日的御開帳當天，開放一般人參拜。我曾於當日前往參拜，試圖一睹本尊風采，可惜那是一尊只有幾公分高的小佛像，幾乎看不清楚，即使開放參拜，秘佛依然是秘佛。

沒想到這座小小的藥師院裡竟有與信長淵源深厚的佛像……

舊二条城跡的石碑。

歷史上有好幾處二条城？

京都御所西邊，室町下立賣十字路口西南方位，有一塊刻著「舊二条城跡」（地圖P.15）的石碑。說到二条城，第一個想到的就是德川將軍家建立的二条城，其實不然。

室町時代，從初代將軍足利尊氏到第三代將軍足利義滿所居宅邸，皆位於二条通上，所以足利將軍家的宅邸也被稱為二条城，即使在將軍宅邸搬離二条通後，仍沿用了二条城的稱呼。現在，豎有舊二条城跡石碑的地方，是永祿十一年（西元一五六八年），侍奉室町幕府第十五代將軍足利義昭的織田信長上洛時，為義昭建立的居城。

過去，地下鐵烏丸線施工時，在鄰接室町下立賣的烏丸下立賣地底發現了約一百五十個舊二条城的牆石、石佛及建築的柱礎石等。

信長奉獻的黃金排雨管

織田信長破壞了許多象徵中世權威的寺社，其中最具代表性的，就是火燒比叡山。全盛時期延曆寺在比叡山上擁有多達三千座建築，勢力龐大。然而，以藏匿戰國大名淺井、朝倉二軍之事為導火線，元龜二年（西元一五七一年），信長下令以火攻方式討伐全山，比叡山上的堂塔伽藍幾乎被燒成灰燼。

但是另一方面，從某些軼事又可看出織田信長對神佛的深厚信仰。

天正七年（西元一五七九年）十二月，信長與隨從一行人遇雨停留在大山崎的寶積寺。此時，信長聽聞面川而建的石清水八幡宮（地圖**P.11**）木製排雨管老朽，不堪使用，於是命人修理，並替換上黃金製的排雨管。當時的黃金排雨管保留至今，長約二十一點七公尺，寬約五十四公分，深約二十一公分，體積頗大。據說信長的考量是，日後若神社有再次修復的必要，可以變賣黃金排雨管換取資金，用來充作修復費用。

信長臨終之地，本能寺舊址

以統一天下為目標的織田信長，生命的盡頭在天正十年（西元一五八二年）六月二日凌晨。為了支援正在中國地方與毛利軍對峙的家臣羽柴秀吉，信長親自率軍出征，駐紮本能寺時，遭到同為家臣的明智光秀襲擊。信長在大火燃燒的本能寺中自盡，統一天下的大夢就此破碎。

現在，本能寺（地圖P.14）位於京都市役所南邊不遠處，原本的本能寺所在之處位在現在的小川通蛸藥師，地名為「元本能寺」（地圖P.15）。直到今日，那一帶在興建大樓挖掘地面之際，還能挖出本能寺之變時燒毀的屋瓦。觀察瓦上寫的本能寺文字，會發現「能」字的「匕」改寫成「去」。這是因為曾遭遇五次火災的本能寺為了祛「火」（註：日語中匕與火讀音相同），於是將「匕」改成「去」（有「火去」之意）。現今的本能寺屋瓦也沿用了當時的寫法，將能字中的「匕」寫成「去」。

燒毀的本能寺，之後於天正十七年（西元一五八九年）時，由成為天下人的豐臣秀吉下令重建於今日所在之處寺町御池。寺境內設有信長之墓，吸引許多人前往參拜。

信長納骨之墓在何方？

傳說中織田信長之墓的所在地，光是京都町內就有好幾處。除了本能寺，大德寺的塔頭總見院（地圖P.12）也是其中之一。本能寺之變後，由信長的兒子、也是秀吉養子的羽柴秀勝擔任喪主，在大德寺舉行了盛大的葬儀。之後，秀吉更趕在信長週年忌日前興建了做為大德寺塔頭的建築，就是現在的總見院。

此外，京都御所北方，沿寺町通而建的阿彌陀寺（地圖P.12）也有信長之墓。阿彌陀寺的開山住持，便是與織田家關係匪淺的清玉上人。

據說清玉上人察覺異狀趕往本能寺時已經太遲，只能受侍奉信長的武士們託付帶回遺體。之後，他更向明智光秀提出欲在阿彌陀寺為本能寺死者超渡的要求，祭奠了百多名死者。阿彌陀寺後來在秀吉的「寺町造成」中縮小寺域規模，並遷移至現址。

立於阿彌陀寺門前，刻有「織田信長公本廟」的石碑。

立於舊本能寺的石碑。

大正六年（西元一九一七年），為了追贈信長正一位之儀式所需，宮內廳著手調查，認為阿彌陀寺中的墓地為正式的信長之墓，據說也有敕使來訪。

附帶一提，大德寺南邊，坐鎮船岡山的建勳神社（地圖P.12），是一間奉信長為神明祭祀的神社。此神社創建於明治二年（西元一八六九年），為紀念信長的豐功偉業，由明治天皇賜予建勳神號，後於明治四十三年（西元一九一〇年）遷至位於船岡山腹地的現址山頂。

Access （藥師院）搭乘地下鐵烏丸線至丸太町站，從 6 號出口徒步約 8 分鐘。（地圖 P.15）

京都市
東山區

僅僅稱霸天下三日，明智光秀的臨終

明智光秀首塚

愛宕神社坐鎮於京都市標高最高的愛宕山（九百二十四公尺）頂上，過去這裡曾是祭祀勝軍地藏的神社。勝軍地藏是身穿甲冑姿態的地藏菩薩，人們認為只要向祂祈願，就能在戰爭中獲得勝利，自鎌倉時代之後便深受武士信仰。篤信這位勝軍地藏的戰國武將之一，正是明智光秀。

吟歌表示對天下人之決心

追溯明智光秀的先祖，乃是室町時代，美濃國（岐阜縣）的守護大名・土岐氏之旁支，實為名門一族。土岐氏統治的美濃國一帶是桔梗花盛放的地方，桔梗別名「岡止止支」（意指山丘上綻放的花神），（註：岡止止支的發音「OKATOTOKI」中包含了土岐的發音「TOKI」）因此身為土岐氏旁支的明智家，便以桔梗花做為家徽的圖案。

這樣的明智光秀成為織田信長的家臣後，以近江國（滋賀縣）坂本城主身分擴展勢力範圍。天正十年（西元一五八二年），據說光秀

祭祀光秀的明智光秀首塚。

在愛宕神社舉辦的歌會上吟詠了這麼一句：「五月降雨在此時。」

一般來說，這句詩的意思可解讀為：「這個五月即將下雨。」然而同時，日語中的「時」與「土岐」發音同為「TOKI」，故亦可解釋為光秀吟詠此詩歌的用意，在於表示流著土岐家血液的自己應該統治天下。事實上，幾天之後，光秀就發動了本能寺之變，除掉了當時正駐紮本能寺的信長，一手掌握天下。

不過，聽聞信長死於本能寺的消息後，同為信長家臣的羽柴秀吉立刻率兵回京都，就在本能寺之變十一天後的六月十三日，在京都與大阪交界處的山崎與明智軍展開激戰。羽柴軍的兵員數量占壓倒性的上風，光秀戰敗往坂本城逃走途中，在山科之南的小栗栖竹林中遇敵喪命。為了不令他的頭顱落入敵人手中，光秀的家臣將頭顱帶往三条百川一帶埋葬。該場所現在設有明智光秀首塚，如今也受到供養祭祀。

「洛中桔梗花開三日。」

這句詩歌吟的便是只在京都洛中取得三日天下的光秀。

有桔梗烙印的光秀饅頭

傳說中由家臣埋葬光秀頭顱的首塚，其實轉換了好幾個地方，直到明治時代才塵埃落定於現址。首塚前殘留有石塔，過去這石塔曾被認為是首塚。

在此代代守護光秀首塚的，是不遠處的和菓子屋「餅寅」一族。餅寅的特產也就叫做光秀饅頭（一個一百五十日圓）。薄皮小饅頭有黑糖和抹茶兩種口味，表面皆烙有代表明智家家徽的桔梗花圖案。參拜過首塚後，不妨來品嚐餅寅的光秀饅頭，追思這位歷史上的知名人物明智光秀。

Access　搭乘地下鐵東西線至東山站，出 1 號出口後徒步約 4 分鐘。（地圖 P.14）

京都市 上京區 其他

追尋天下人·豐臣秀吉的榮景與晚年

豐臣秀吉，不為人知的歷史故事巡禮

出生於尾張國（愛知縣）的豐臣秀吉，原是織田信長手下步兵，因建立軍功而逐漸受到重用。本能寺之變後，豐臣秀吉討伐明智光秀，征戰四國、九州、關東、奧羽，於天正十八年（西元一五九〇年）統一天下。在那之前，先在天正十三年（西元一五八五年）就任關白，隔年獲賜豐臣姓，當上太政大臣，到了統一天下的隔年，也就是天正十九年（西元一五九一年），將關白之職讓給外甥豐臣秀次，自己就任太閤。

被秀吉徹底破壞的聚樂第

成為天下人的秀吉在京都著手大改革，其中一項就是聚樂第。

秀吉重振因應仁之亂而燒毀的京都，過程中建設了金碧輝煌的豪宅聚樂第，並在聚樂第四周廣建大名宅邸，將京都大幅發展為城下町。將關白一職讓給外甥豐臣秀次後，秀次成為聚樂第之主。然而，隨著秀吉親生兒子秀賴誕生，秀次的命運開始籠罩烏雲。被秀吉懷疑謀反的秀次最後以切腹告終，做為他宅邸的聚樂第也被破壞得面目全非。

現在要找到聚樂第殘留的建築遺址或任何痕跡都非常困難，只有上京區正親小學附近留有顯示該地為聚樂第遺址的石碑。另外，西本願寺（地圖P.15）的飛雲閣及大德寺（地圖P.12）的唐門等，都是傳說中的聚樂第遺跡。

顯示該處為聚樂第的石碑。

叱喝天下第一大佛的秀吉

為了彰顯天下人的力量，秀吉建造了一尊巨大的大佛像。

天正十四年（西元一五八六年），秀吉創建了這尊高十九公尺的木造大佛，和以安置這尊大佛的大佛殿為中心的方廣寺（地圖P.14）。不料，慶長元年（西元一五九六年）七月某天深夜，京都南部遭強震襲擊，根據史籍記載，這場慶長伏見大地震的震度相當於六級地震，方廣寺大佛因而倒塌。幾天後，看到崩塌的大佛，秀吉大為光火，叱喝「你這冒失鬼！怎麼忘了自己要守護京都，竟然先倒下了呢！」能對佛像做出這種事，

留在北野天滿宮中的太閤井戶。

令人遙想昔日方廣寺的巨大石垣。

真是很有秀吉風格的一段小插曲。

在秀吉死後，倒塌毀壞的方廣寺，在德川家康的建議下，由秀吉之子秀賴及其母淀殿著手重建，重新打造金銅大佛，完成新的大佛殿。

然而，秀賴重建的方廣寺發生了一件大事。方廣寺的梵鐘上刻有「國家安康」與「君臣豐樂」等銘文，竟然被解釋為「國家安康」乃刻意將家康的名字切斷，有詛咒之意，而「君臣豐樂」則暗指豐臣家的昌盛。家康如此斷定，並以此為藉口，發起以消滅豐臣家為目的的大坂之陣。秀賴重建的梵鐘竟招致豐臣家的滅亡，可說是諷刺的結果。

展示秀吉自豪的名品茶具之大茶會

天正十五年（西元一五八七年）十月，天下人豐臣秀吉在北野天滿宮（地圖P.15）境內舉行慶祝大名·前田玄就任奉行的大茶會。不分身分地位，廣邀近畿一帶人士參加，看似一場令人深感天下人胸襟寬大的茶會，事實上，秀吉似乎只是想藉此炫耀自己收集的名品茶具罷了。當年舉行大茶會時使用的太閣井戶，還存留在如今北野天滿宮的停車場上。

秀吉隨口一語即成寺院之名

還有一個與茶有關的小故事。

北野大茶會結束後，在返回聚樂第途中，秀吉順道去了一間名叫淨土院（地圖P.15）的小寺院。淨土院以湧出名水的井戶聞名，秀吉造訪此處的目的正是使用這裡的井水泡茶。然而，據說該寺住持因秀吉到訪而手忙腳亂，心想不能以隨便的粗茶招待天下人豐臣秀吉，最後端出的卻只是用井中名水燒的白開水。察覺住持慌亂失態的秀吉，再向對方要了一杯茶，沒想到端上來的還是白開水，這下連秀吉也不禁失笑：「白開水已經喝夠了，這座寺院是不給人喝茶嗎？」從此之後，這座淨土院就被稱為「白開水多山上的不給茶寺」。現在淨土院門前立有石碑，上面刻的碑文就是：「豐太閤遺跡 白開水多山上的不給茶寺」。

秀吉外甥秀次與其一族的長眠地

統領天下的豐臣秀吉長年未有子嗣，便將外甥秀次收為養子，打算培養為繼承人，不但將關白之職和聚樂第讓給秀次，還採行起國內政治交給秀次，自己負責國外政治的二元政治。

不料，秀吉側室淀殿終於生下了期盼已久的親生子秀賴，想將天下交給自己親生子嗣的秀吉，與秀次之間的關係漸漸惡化。最後，秀次在被懷疑造反的情況下失勢，遭放逐高野山並受命切腹自盡。此後不久，秀次的遺子與正室、側室等遺孀等人，共三十九名親族在三条河原遭處刑。每至夏夜，總有很多人喜歡坐在鴨川邊吹河風納涼，要知道，這個三条河原才堪稱是令人背脊發涼的納涼勝地呢。

遭處刑後，三条河原上雖曾設立刻有「秀次惡逆塚」的墳塚，但不知不覺中被人遺

祭祀豐臣秀次及其一族的菩提寺，瑞泉寺。

忘，化為一片塵土。進入江戶時代後，富商角倉了以開鑿高瀨川一帶土地時挖出故塚，為其塚修築堂宇，創立了一間祭祀秀次一族的寺院，於寺內默默為秀次一族立墳祭祀，就是現在的瑞泉寺（地圖 P.14）。

秀吉人生最後一次賞花

慶長三年（西元一五九八年）三月十五日，豐臣秀吉在醍醐寺（地圖 P.11）舉辦了一次賞花會，是歷史上一場罕見的盛大豪華的賞花饗宴。為了舉行這場賞花會，秀吉不但前往醍醐寺勘查了八次場地，指示修復五重塔與仁王門，還將從近畿一帶收集來的七百株名櫻種植於道路兩側，修築賞花茶屋，對這場賞花宴會投入驚人的熱情。對秀吉而言，策劃這次的賞花為的不是自己享樂，而是為了取悅一直以來在背後支持自己的正室北政所寧寧與側室淀殿。當天參與賞花聚會的女性人數高達一千三百人，所有人都獲贈一襲新和服，光是這些和服的費用總數就將近四十億日圓。醍醐寺內櫻花如雲霧般盛放，這也是秀吉人生中最後一次的賞花盛宴。

那年八月十八日，秀吉逝世於伏見城。至於秀吉死後葬在哪裡……敬請期待（P.203）豐國廟的內容。

Access （聚樂第跡）搭乘京都市公車到智惠光院中立賣站，下車即達。（地圖 P.15）

京都市伏見區其他

幕末英雄．坂本龍馬的人生終旅

坂本龍馬，不為人知的歷史故事巡禮

嘉永六年（西元一八五三年）黑船來航之後，日本便進入幕府末期的動盪時代。倡議以天皇為中心創造新的國家，抗拒歐美列強的「尊王攘夷」派志士齊聚京都，種種行動為的是結束江戶幕府時代的「倒幕」，以及用武力打倒幕府的「討幕」，使幕府末期的政局更加陷入一團混亂。

黑船來航僅僅十六年後，慶應三年（西元一八六七年）十月十三日，江戶幕府第十五代將軍德川慶喜在二条城表達了大政奉還之意，為江戶幕府兩百六十四年的歷史劃上休止符。十二月九日，於京都御所發布王政復古的大號令，名副其實建立了明治新政府，迎向新時代。

從十月十三日的大政奉還到十二月九日的王政復古，就在這翻轉歷史的兩個月中，為新的明治時代推開大門的英雄坂本龍馬，在十一月十五日被潛伏於近江屋的不明人士襲擊身亡。巧合的是，這天也是他三十三歲的生日。

平成二十九年（西元二〇一七年），距離

龍馬經常投宿的寺田屋。

龍馬被襲正好一百五十年，現在或許正是造訪相關史蹟，緬懷受到不同時代人們愛戴的龍馬的最好時機。

拜阿龍機靈之賜
逃過一劫的龍馬

江戶時代，連結京都與大阪之宇治川及淀川上往來船隻的港町正是伏見之町，伏見因此得以發展，町內船宿（註：供船員住宿的旅店）林立。寺田屋也是從江戶初期持續經營下來的船宿之一。

慶應二年（西元一八六六年），龍馬留宿於心愛女人阿龍工作的寺田屋，在這裡發生了一起幕府官兵襲擊龍馬的事件。當時正在一樓洗澡的阿龍察覺窗外人影似是幕府官兵，倉促之際衝上二樓知會龍馬，龍馬才得以在負傷狀況下順利逃脫。

在土佐藩邸關禁閉後獲得免罪

龍馬因脫離土佐藩在全國各地奔走，但這土佐藩可是活躍於幕府末期的強藩。幕末政局以京都為中心，全國各地建有各藩藩邸（藩邸負責各藩與京都之間的聯絡事務），其中土佐藩邸面高瀨川而建，高瀨川上築有土佐橋，現在的高瀨川畔仍可看到寫著「土佐藩邸」（地圖 P.14）的石碑。

龍馬雖犯下脫藩之罪，幸而幕臣勝海舟向土佐藩主山內容堂建言說情，藩主令龍馬在土佐藩邸內禁閉七日反省後，免除其脫藩之罪。

從土佐藩邸遺址石碑處起步，渡河過橋往西走，可看到土佐稻荷岬神社（地圖 P.14）矗立眼前。這裡過去做為土佐藩邸之鎮守神社受到祭祀，庶民只有在參謁時能穿越藩邸。這座小型神社內，立有一座規模不大的龍馬銅像。

土佐稻荷裡的坂本龍馬像。

支援龍馬的醋屋嘉兵衛

從土佐藩邸遺址朝木屋町往北走，有一個叫醋屋（地圖 P.14）的木材商。幕府末期的第六代主人醋屋嘉兵衛，是當時壟斷高瀨川木材運輸權，掌握水運業的有力人士。嘉兵衛認同龍馬的理念，支援他的行動，龍馬組織的海援隊京都本部就設在醋屋內，將這裡當作潛伏場所，還曾從二樓窗戶進行手槍的試射。

石碑正上方就是龍馬臨終之地

後來，察覺到生命危險的龍馬，將潛伏地由醋屋轉移到經營醬油生意的近江屋。然而，慶應三年（西元一八六七年）十一月十五日夜晚，躲藏在近江屋二樓內側房間的龍馬與中岡慎太郎仍遭數名刺客突襲。龍馬雖以刀鞘擋下正面攻擊，背後卻中了一刀，最後在額頭受到致命傷不久後氣絕身亡。以短刀應戰的中岡慎太郎也隨後遭斬，兩天後撒手人

「龍馬遭難之地」石碑面河原町通而立。

寰。還來不及看到即將來臨的明治時代，為促成此事貢獻良多的龍馬與中岡慎太郎，就這麼離開了人世。

幕府末期時，近江屋所在地的河原町通寬度比現在狹窄，由此看來，龍馬遭暗殺的近江屋二樓內側房間，應該就在刻有「龍馬遭難之地」的石碑正上方。可以說只要站在石碑旁仰頭望，看到的就是龍馬臨終之處（地圖P.14）。暗殺龍馬的兇手是誰，至今沒有答案，有人說是新選組下的手，也有兇手來自京都見迴組之說。另外，也有認為薩摩藩才是幕後主使的看法。

送龍馬最後一程的東山龍馬坂

明治元年（西元一八六八年），京都靈山護國神社（地圖P.14）創建，這裡是祭祀了眾多活躍於明治維新之志士的靈山官祭招魂神社。直到現在，以坂本龍馬與中岡慎太郎為首，包括長州藩士桂小五郎和高杉晉作等志士，皆長眠於此。

靈山護國神社之南有靈明神社。自幕府末期的文久二年（西元一八六二年）開始，在這裡埋葬亡於京都的長州藩士，此後，各藩尊王攘夷派的志士皆埋葬於此。龍馬和中岡慎太郎過世時，遺體起初也由同志運往靈明神社埋葬。

明治十年（西元一八七七年），靈明神社境內土地與墓地大半成為政府管理的京都靈山護國神社所有，這些幕末志士的英靈才遷移至今日的長眠地。

通向靈明神社的坡道與階梯稱為「龍馬坂」（地圖P.14），立於這條路上的石碑刻著這裡是坂本龍馬等幕末志士送葬之路的文字，留下了那一段歷史。

Access　（寺田屋）搭乘京阪電車到中書島站後，徒步約5分鐘。（地圖P.11）

京都市
左京區

晨間劇主角的原型廣岡淺子也曾造訪？

舊三井家下鴨別邸

位於下鴨神社南側的舊三井家下鴨別邸，是江戶初期的和服富商「越後屋」、自三井高利起家的三井家共十一戶家族共同擁有的別邸，由三井北家第十代的三井高棟所建。

明治四十二年（西元一九〇九年），祭祀三井家祖先的顯名靈社遷移至此地，為了讓三井家人參拜顯名靈社時有個休憩所，三井高棟便於大正十四年（西元一九二五年）建了這棟別邸，方式是將原本位於木屋町三条的三井家別邸移築過來。據說那棟別邸從三樓的瞭望臺望出去時，能將東山三十六峰盡收眼底，當時就將建築直接移過來做為主屋使用。

後來，因為財閥解體之故，昭和二十四年（西元一九四九年），三井家將建築轉讓給國家，做為旁邊京都家庭裁判所的所長官邸，一直使用到平成十九年（西元二〇〇七年）。其後，這棟大正時代至今皆以良好狀態保存的大型建築，由於具有高度歷史價值而獲得國家認可，於平成二十三年（西元二〇一一年）成為國家指定的重要文化財產，自平成二十八年

（西元二〇一六年）秋天起開放給一般大眾參觀。

將來自下鴨神社的河川引進庭園

舊三井家下鴨別邸，整體由主屋、茶室、玄關棟和庭園構成。面向庭園設立的主屋三樓有個瞭望臺，可一覽鴨川及東山一帶（二、三樓部分只在特別公開時能進入參觀）。庭園中有一個葫蘆形的池塘，池水引自從下鴨神社流過來的泉川之水。而接在主屋旁的茶室，似乎於建設別邸前已存在當地（不對外公開）。此外，玄關棟是做為主屋玄關所新增的建築，採「書院造」，也就是以書齋為中心的住宅樣式，內部有挑高天花板，地上鋪了地毯，客廳包括使用的椅子在內都走西式風格。

從庭園望向舊三井家下鴨別邸主屋。

發跡自富商三井高利的三井家

三井家之祖，是江戶時代的富商三井高利。高利在京都與江戶開設和服店越後屋，後來又經營錢莊，身為幕府御用商人累積巨富，也為日後三井家龐大

專欄

出身於出水三井家的女子．廣岡淺子

三井一族由三井十一家構成，其中有九家的宅邸都設在京都。其中之一因為位於油小路出水（現在的 Hotel Rubino 京都堀川），所以又稱為出水三井家（地圖 P.15）。後來出水三井家舉家遷移東京的小石川，成為小石川三井家。

出水三井家第六代當家三井高益的第四個女兒廣岡淺子，正是 NHK 晨間連續劇《阿淺來了》主角白岡淺的原型。與廣岡淺子女婿廣岡惠三的妹妹一柳滿喜子結婚的外國人 William Merrell Vories，是建設過許多京都西洋建築的建築家，促成一柳滿喜子與 Vories 結婚的人正是廣岡淺子。

的財產打下基礎。

高利死後，其遺產由孩子們共同繼承，子孫團結一心，將三井家發展得更壯大。三井一族包括男系六家與女系五家，統稱為三井十一家，其中長男高平的子孫又稱為北家，北家是三井家的正統繼承者，也就是嫡傳家族。

室町二条的西北角有一座以泥土牆圍起的「三井越後屋京本店記念庭園」（地圖 P.15）。這裡是三井高利創辦的三井越後屋京本店所在地，現在只剩下庭園和鎮守社。附帶一提，現在的三越百貨，名稱正是從三井越後屋的屋號簡化而來。

Access 搭乘京阪電車至出町柳站，從 5 號出口出來徒步約 3 分鐘。（地圖 P.12）

第三章

與動物相關の私藏景點

京都市
東山區

冬天也能見到蟬的清水寺本堂

清水寺

清水寺起源於距今一千兩百年前。奈良子嶋寺的延鎮上人為了找尋祭祀觀音菩薩的地方，最後找到了湧出清冽泉水的此處，之後靠著坂上田村麻呂的金援建立起本堂。弘仁元年（西元八一〇年），這間寺院成為鎮護國家（佛教為祈求國泰民安而進行的祈願）的道場，獲得第五十二代嵯峨天皇賜寺號清水寺，雖於後世經歷過幾番戰亂破壞，但到了江戶幕府時代，第三代將軍德川家光著手整修諸堂，進而維持至今。

做好從清水舞臺跳下去的心理準備……

以清水舞臺為人熟知的本堂，是寬永十年（西元一六三三年）由德川家光寄贈重建。本堂有一座打造成十三公尺高、突出懸崖外的舞臺，以欅木柱子從下方支撐，這種建築結構稱為「懸造」。以榫卯相接的柱子不使用任何一根釘子，只要組裝起來就再也不會散開的特殊結構又稱為「地獄組」，接合得非常密實。

日語中形容對事物不顧一切地豁出去時，

據說曾有許多祈求戀情開花結果的女性從這舞臺上跳下去……

會說「抱定從清水舞臺跳下去的決心」。這是因為，從前人們相信只要從舞臺上跳下去仍倖存，心願就會實現，所以經常有人從這座清水舞臺往下跳。明治時代之後，跳清水舞臺的人依然前仆後繼，導致曾有一段時期，寺方在舞臺邊設了防止人們往下跳的竹柵欄。明治五年（西元一八七二年），政府明令禁止跳清水舞臺，這種情形才逐漸消失。「只要向觀音菩薩許願，往下跳也不會有事」的想法，顯示出人們對清水寺的觀音信仰有多深厚。

外型如蟬的鎖具。

生於大約四百年前的蟬

祭祀於清水寺本堂的本尊，是一尊十一面千手觀音像。一般千手觀音像多製作為四十二隻手，除了觀音菩薩原本於胸前合十的雙手外，左右兩側各二十隻，總計再多四十隻手。因為每一隻手都能拯救二十五個世界，所以被稱為千手觀音（當然也有實際上就製作了一千隻手的千手觀音像）。

清水寺的千手觀音姿勢較為特別，雙手並非在胸前合十，而是舉在頭上交握。這樣的造型，成為全國都有祭祀的清水型觀音之原型。這尊千手觀音周圍另祭祀著守護觀音的二十八部眾及風神、雷神像。平常本尊做為秘佛不對外公開，供奉於佛櫃中，每三十三年才會舉行一次對外公開的御開帳。順帶一提，下一次的御開帳預計於二〇三三年舉行，還得再等一陣子。

從本堂屋頂（屋簷）下往上看，有一扇稱為「蔀戶」的格子門，仔細一看會發現，門上的鎖具形狀像是一隻蟬。從古至今，蟬只要看到人接近，就會發出鳴叫聲飛逃，由此衍伸出防止忍者或盜賊接近的寓意，希望藉由蟬形鎖達到守護本尊的效果。從這個小地方，也能感受到大約四百年前重建本堂時，虔誠工匠們的心意。

男孩摸了弁慶的鐵屐會……！

清水寺也流傳著幾個與弁慶有關的故事及物品。

首先，在本堂出入口有兩根弁慶用過的錫杖與一雙單齒屐，兩者皆是鐵製，大錫杖重量超過九十公斤，小錫杖也有十四公斤，單齒鐵屐則有十二公斤。這是明治中期於奈良吉野修道的修驗者奉納之物，因為實在太重了，大概只有弁慶用得了這麼重的東西，於是就被稱為弁慶的錫杖與弁慶的鐵屐了。據說男孩子摸了錫杖力氣就會變大，身體也會健康，女孩子摸了鐵屐就不愁沒有好衣好鞋穿。不過，要是男孩摸了鐵屐，長大結婚之後就會怕老婆……

仔細觀察本堂窗下的木材，有一道橫長的深深傷痕。這條傷痕被稱為弁慶的抓痕，不過，事實上是從以前到現在的參拜者做「百度參拜」或「千度參拜」時，用來計算參拜次數所使用的竹片造成的傷痕。這條傷痕也顯示了民眾對清水寺觀音信仰之虔敬。

Access 搭乘京都市公車到滿水道站，下車徒步約 15 分鐘。（地圖 P.14）

京都市
東山區

鰻魚是註生、安產之神的使者

三嶋神社

三嶋神社祭祀的是保佑註生、安產的神明，主祭神是大山祇神。

愛媛縣今治市內的瀨戶內海中，俗稱「神之島」的大三島上坐落著一間大山祇神社，據說那裡就是全國各地三嶋神社的發祥神社（因大山祇神社被稱為大三島，連帶地這座島的名稱也成為大三島了）。

自古以來靜岡縣三島市的三嶋大社，也被認為發源自大山祇神社。目前有各種說法，而從鎌倉時代源賴朝崇敬三嶋大社之後，關東及伊豆地方便出現了不少三嶋神社，其中祭祀的多半是武士們從三嶋大社拜請出來的神明。

現在仍有皇族造訪祈願

京都也有三嶋神社。

從東山七条沿著東大路通往北，有個馬町十字路口，從這裡再往東，順著澀谷街道再走一會兒，就能看見寫有「三嶋神社」字樣的旗幟。從旗幟處左轉，沿著整排公寓走，眼前就是三嶋神社了。今日的三嶋神社範圍極小，要找到也不容易，不過，這可是一間藏有深遠歷史的神社。

平安時代末期，後白河天皇的皇后建春門院遲遲未有子嗣，於是前往能保佑天皇得子的攝津國三島江村（現在的大阪府高槻市），向三嶋大明神祈禱求子。幾天後，皇后夢中出現一名白髮老翁，老翁這麼告訴她：「妳將懷一男兒，不過，代價是必須在京都東南方位祭祀我。」建春門院皇后醒來後，果然如夢中神諭懷了後來成為高倉天皇的男孩，後白河天皇大喜之餘，於永曆元年（西元一一六〇年）在京都建立了祭祀三嶋大明神的社殿，取名為三嶋神社，將大明神視為京都東南方位的守護神來加以祭祀。從此之後，皇室一直篤敬三嶋神社，直到現在，仍有秋篠宮親王等皇室成員前往參拜，信仰虔誠。

公寓北側，位於細窄巷弄盡頭的小型本殿。

被視為神明使者的鰻魚

日本各地的三嶋神社皆視鰻魚為神之使者，在向神明祈求註生或順產後，習慣在畫有鰻魚圖案的繪馬上許願奉納。畫有兩尾鰻魚的繪馬用來祈求生子，畫有三尾鰻魚的繪馬則用來祈求順產，請勿混淆。神社也販售開運護身符，名稱就叫「鰻登守」，祈求開運後的人生如成功往上游的鰻魚般順利。

鰻魚繪馬。

將鰻魚放生池中，祈求生意興隆

過去，三嶋神社附近還有一間瀧尾神社。瀧尾神社目前已遷移到從京阪線東福寺站往北走不遠處（地圖 P.12），神社內設有三嶋神社的祈願所，可在此祈求神明保佑註生順產，也可奉納繪馬。

瀧尾神社內的三嶋神社祈願所，於每年十月二十六日舉行鰻魚放生大祭，讓民眾在此供養鰻魚。全日本的鰻魚專賣店或養殖業者都會在這天聚集於此，參加者多達百人。由於三嶋神社的「三」字象徵三隻鰻魚，祈願者往往會將三尾活鰻魚放生池內，藉以祈求這一年的生意興隆。

Access　搭乘京都市公車至馬町站，下車徒步 5 分鐘。（地圖 P.14）

京都市
上京區

祭祀猿猴，遠離災厄的神社

幸神社

京都御苑東北方的住宅區中，有一間叫做幸神社的小神社。神社入口右側立有石碑，上面刻著「出雲路幸神社」的字樣。平安時代之前，這一帶是豪族出雲氏的大本營，又稱為出雲路。幸神社最初創立時，供奉的便是出雲路的道祖神（註：道祖神是日本常見的路邊神祇，往往設立在路口或村莊、聚落中心，保佑五穀豐收、無病息災、子孫興旺等）。祭祀於路旁的道祖神是驅避災禍、阻擋惡靈的神明，取其轉禍為福之意，將神社稱為幸神社。

守護鬼門的猿猴神像。

平安京遷都後，幸神社做為守護京都鬼門（東北方位）的神社，受到民眾崇拜。自古以來，由於「災去福來」的「去」字與「猿」字同音，於是人們相信猴子能守護鬼門，直到現在本殿內的鬼門方位（東北方位）仍祭祀著扛御幣的猿猴神像。

成就姻緣的猿田彥神十分受歡迎

自古以來，人們認為幸神社的主祭神猿田彥神會保佑來神社誓言相愛的男女，今有情人終成眷屬，因此猿田彥神一直是深受信仰的結緣之神。

根據神話內容，天照大御神之孫瓊瓊杵尊帶著眾神從天上之國降臨（這就是「天孫降臨」）時，在岔路口遇見了一位神祇。與瓊瓊杵尊同行的天鈿女命問那位神祇是誰，對方說自己是猿田彥神，是專程來為眾神帶路的。據說平安完成帶路任務後，猿田彥神與天鈿命女也結為連理。這段神話可說是幸神社成為結緣信仰的由來。

於狂言劇目中登場的「阿石桑」

神社內東北角有一塊神石，自古以來，人們視這塊石頭為祭神猿田彥神的御神體，稱其為「阿石桑」。據說因為神石靈力太強大，只要碰到就會遭祟。此外，也有人認為這顆石頭就是狂言劇目《石神》中出現的石頭之神。

從前有一個被妻子休夫的男人，為了與妻子復合，找上媒人商量。媒人對男人說，如果妻子也來找他商量，他會建議妻子去聽出雲路的石神建議，再決定是否應該離婚。因此，媒人要男人化身為石神，等妻子上鉤。一如媒人預料，妻子找上門來商量，媒人也按照計劃，建議她請求石神解惑。來到神社的妻子對神石祈願，表示若自己能抱起石頭，就決定離婚回娘家。當妻子伸手抱起石頭時，化身為石頭的丈夫文風不動。妻子接著又表示，若自己抱得起石頭就和丈夫復合，化身石頭的丈夫這才站起來，妻子也抱起了石頭。看到這個結果，妻子放棄離婚的想法，並對神石跳起神樂舞做為奉納。妻子跳起神樂舞的當下，因為不用離婚而欣喜的丈夫，忘了自己化身石神的事，和妻子一起跳起神樂舞，結果暴露了真面目……是這樣的一齣狂言劇。

結緣之神保佑的不只男女姻緣，也包括人與人之間的所有緣分。有機會請務必前往幸神社，向這位也在傳統戲曲中出現過的結緣石神祈求良緣吧。

靜靜佇立於住宅區的幸神社。

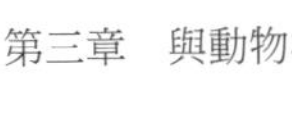

Access 搭乘京都市公車到河原町今出川站下車，徒步約 5 分鐘。（地圖 P.14）

京都市
上京區

不是鶴的報恩，是貓的報恩

稱念寺

從千本寺之內十字路口往東走，在西陣街上就能找到稱念寺。傳說江戶時代這座寺院曾經荒廢，後因貓的報恩而得以重建。因為有這樣的由來，稱念寺也被稱為「貓寺」，受到許多民眾喜愛，成為供養離世動物的著名寺院。

寺院創建於慶長十一年（西元一六〇六年），由土浦城主松平信吉虔誠信仰的淨土宗獄譽上人創立。土浦城是建設於現今茨城縣土浦市的一座城，城主松平信吉死後葬於稱念寺，至今仍長眠於稱念寺內的墓地。

此外，松平信吉之母多劫姬，是江戶時代幕府初代將軍德川家康同母異父的妹妹，因此，稱念寺的寺徽中帶有與德川將軍家相同的三葉葵。抬頭仰望稱念寺山門，也可從瓦片的圖樣中看到三葉葵的寺徽。

松樹及御守護身符都是貓造型

稱念寺是大名．松平信吉寄予虔誠信仰的獄譽上人所創建，不過，信吉死後寺院方與松平家的關係逐漸疏遠，寺院隨之沒落。

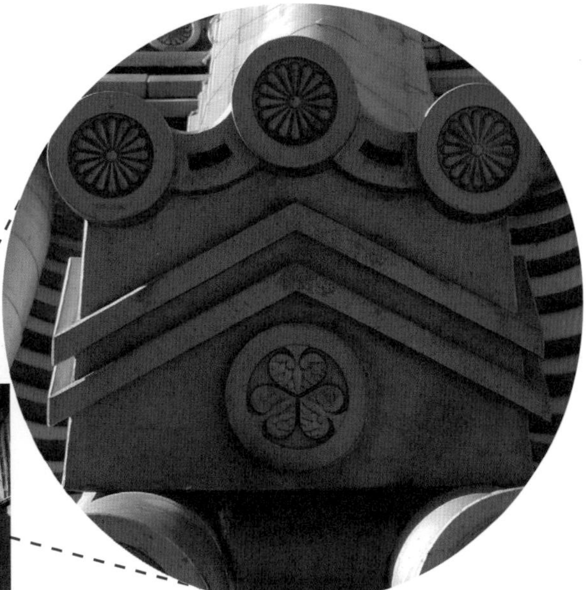

三葉葵的寺徽。

稱念寺山門。

後來，到了稱念寺第三代和尚還譽上人的時代，即使寺院財政陷入困難，養了一隻貓的還譽上人寧可減少自己的食物，也不忍減少貓的食糧，就這樣維持著與愛貓的生活。

某個月圓之夜，和尚結束托缽化緣回到寺院時，看到一位身穿美麗和服的公主在月光下跳起優美的舞蹈。然而定睛一看，那位公主的影子卻是一隻貓。和尚心知這是愛貓的化身。想到寺院窮困至此，貓竟然還有閒情逸致跳舞，一時怒上心頭的和尚，便將曾經那麼疼愛

形狀像一隻趴在地上的貓而得名的「貓松」。

的貓趕出寺院……幾天後，貓出現在和尚夢中，告知只要盛情款待一位造訪稱念寺的武士，從此寺院就會香火鼎盛。一如貓的預言，一位松平家武士登門拜訪，傳達過世公主的遺言，原來公主生前希望將自己葬在稱念寺。經此一事，松平家與稱念寺恢復往日關係，寺院困窘的財政狀況獲得紓解，重拾昔日的鼎盛香火。

包括貓在內，現在稱念寺成為虔誠供養、祭祀往生動物的寺院，也販售保佑動物身體健康的御守護身符。這個「動物健康祈願守」參考現任住持的愛貓「咪子」設計，貓咪合掌祝禱的模樣，據說是來自住持本人的設計靈感。

此外，寺院內有一棵和尚為緬懷愛貓而種下的老松樹。其中一根粗壯的樹枝與地面平行，長約二十公尺，形狀就像一隻趴在地上的貓，因此，現在這棵樹也被稱為「貓松」。

Access 搭乘京都市公車到乾隆校前下車，徒步約 5 分鐘。（地圖 P.12）

京都市
左京區

向仰望月亮的兔子祈求早生貴子

岡崎神社

延曆十三年（西元七九四年）遷都平安京之際，第五十代桓武天皇為祈求鎮護王城，於平安京東西南北四個方位各設置一神社，岡崎神社就是其中之一，做為守護都城東方的神社，坐鎮於越過鴨川後的東山山麓。

後來，到了貞觀十一年（西元八六九年），第五十六代清和天皇打造社殿，元應元年（西元一三一九年），第九十六代後醍醐天皇重建神社，並賜予正一位之神階與神寶。此外，包括享德元年（西元一四五二年）室町幕府第八代將軍足利義政修築社殿等在內，自古以來，從皇室到武家皆篤信岡崎神社。

從祭神牛頭天王到速素盞嗚尊

本殿祭祀著三大神祇，分別是於神話中登場的速素盞嗚尊、其妻奇稻田姬命以及祂們的孩子八柱御子神。

速素盞嗚尊自古在神話中便是有著粗暴形象的神祇，除了擊退大蛇等粗獷的一面外，祂也在神佛習合後，被認為與佛教的牛頭天王是同一

本殿前有一對守衛神明的狛兔。

神祇。人們普遍相信這尊神祇對於除厄祛病有靈驗之效，因而虔誠奉祀。

也因為這是守護平安京東方且祭祀牛頭天王的神社，自古以來，岡崎神社又被稱為東天王社，現在神社周圍的地名仍叫東天王町。進入明治時代後，出於神佛分離等政策，將祭神從傳自佛教的牛頭天王改成與神道相關的速素盞嗚尊，神社名稱也參考周邊地名改成岡崎神社。

東方是兔子的方位

速素盞嗚尊與奇稻田姬命共生了五男三女，稱為八柱御神子。由於祂們是多子之神，因此也被視為保佑註生與安產的神明。

此外，由於岡崎神社創建時的目的，是守護平安京東邊方位，而自古以來用干支表示方位時，習慣以卯代表東方，神社也就和兔子結下不解之緣（註：日文中干支的卯對應十二生肖的兔）。實際上，這一帶從以前就有很多兔子棲息，兔子向來被人們視為神之使者。

另一方面，兔子也正好是多產的動物，做為註生安產之神而受到崇敬。根據記載，治承二年（西元一一七八年），第八十代高倉天皇的皇后就曾來此祈求順產，至今仍有產婦帶束腹帶來神社祈求安產的習俗。

兔保佑夫妻琴瑟和鳴

本殿前看不到一般寺院前的狛犬，取而代之的是一對狛兔。分別是阿形（張嘴造型）與吽形（閉嘴造型），右邊為雄兔，左邊為雌兔。因為是雌雄雙兔，據說在保佑夫妻情感，琴瑟和鳴上也很靈驗。

另外，手水舍前有一座以黑御影石雕成的「授子兔」像。人們深信將水淋在這座仰望月亮、充滿力量的兔子像上，再伸手摸摸兔子的肚子祈願，就可早生貴子，平安順產。

社務所販售的安產御守和註生御守上畫有可愛的兔子圖案，還有名字特別有趣的「飛躍守」，藉跳躍的兔子象徵人生高高跳起，飛躍進步。

授子兔。

Access 搭乘京都市公車至岡崎神社站，下車即達。（地圖 P.14）

京都市
上京區

山豬守護的祭神・和氣清麻呂

護王神社

護王神社位於京都御所西側，面對烏丸通矗立。沿著烏丸通的人行道走過去，看到在神社入口鳥居前鎮守的一對石獅子，就表示已來到護王神社。這間神社祭祀的是為平安京遷都盡心盡力的貴族和氣清麻呂及其姊和氣廣虫。

這間神社歷史悠久，但創建年代不明。只知原本是高雄神護寺內為祭祀清麻呂而創建的神社，當時稱為護法善神。

江戶時代末期，第一二一代孝明天皇讚揚和氣清麻呂的功績，追封護法善神正一位神階，明治七年（西元一八七四年），社名改為護王神社。後來更在明治十九年（西元一八六六年）時，奉明治天皇敕命，於現今京都御所西側不遠處的現址打造社殿，將神靈從神護寺內遷至此處祭祀。不久之後，再一併祭祀清麻呂的姊姊廣虫。

阻止道鏡野心篡位的和氣清麻呂

天平五年（西元七三三年），和氣清麻呂生於現在的岡山縣和氣町，後來前往奈良都，

建議天皇遷都平安京的
和氣清麻呂。

明治時代，從高雄遷移至京都，設立於御所西側的護王神社。

是一位侍奉朝廷的貴族。

神護景雲三年（西元七六九年），都城中擁有權勢的僧人道鏡宣稱自己收到宇佐八幡宮（大分縣宇佐市）神託（即神諭），試圖自立天皇。為了釐清是否真有神諭，清麻呂主動前往宇佐八幡宮，後查明並無神諭一事，並揭發了道鏡的陰謀，阻止其篡位，史上稱為道鏡事件。然而，因為這件事激怒道鏡的麻呂，和廣虫一起遭到流放。日後道鏡失勢，麻呂才重新被召回都城，回到政壇大顯身手。

有一段時間，由於第五十代桓武天皇遷都長岡京的計劃一直無法順利推動，清麻呂便建議天皇於淀川上游葛野之地建造新都。聽取這番建言的天皇決定遷都，成為後世的千年都城平安京。由此可知，在遷都平安京一事上，清麻呂居功厥偉。

麻呂的姊姊廣虫最為人所知的，是

收養了許多戰亂孤兒的義舉。因此，身為護王神社祭神之一的廣虫，也被認為是保佑育兒、守護孩童成長的神明，受到民眾虔誠信仰。

向山豬祈求腰腿強健

和氣清麻呂因道鏡事件遭流放大隅國（鹿兒島縣），不只如此，道鏡還派出刺客偷襲麻呂。就在形勢千鈞一髮、麻呂性命交關之際，忽然不知從何處出現三百頭山豬，不僅保護麻呂不受刺客攻擊，還將他護送到宇佐八幡宮。因此，護王神社內設有狛山豬（靈豬像），神社本身也常被暱稱為山豬神社。

散發可愛氛圍的狛山豬。

此外，據說受山豬搭救之後，和氣清麻呂原本萎縮的雙腿恢復健康，又能再度行走，這段小插曲因此成為山豬神社保佑腰腿強健的典故。現在社務所也有販售保佑腰腿強健的「足腰守」護身符。

Access 搭乘地下鐵到丸太町站，出 2 號出口徒步 7 分鐘。（地圖 P.15）

京都市
上京區

狐狸展現精湛茶道技藝？

相國寺・宗旦稻荷

相國寺創建於明德三年（西元一三九二年），由掌握莫大權力的室町幕府三代將軍足利義滿所建，包括高一〇九公尺的七層寶塔在內，是一座壯麗雄偉的神社。其後，相國寺統率管理禪宗寺院，成為禪宗行政的中心寺院，後來又遇上落雷燒毀寶塔等意外，至今反覆經歷了幾番衰退與重建。

法堂之龍，若沖之雞

走在廣大的神社境內，可以看出其中心是由豐臣秀賴著手重建的法堂。法堂平時不對外公開，每年只有春、秋兩季各特別公開一次。進入法堂之中，映入眼簾的是天花板上安土桃山時代繪師狩野光信所畫的蟠龍圖。如在堂內拍手，天花板會發出喀答喀答的聲音，稱為「鳴龍」。

此外，神社境內還有江戶時代繪師伊藤若沖寄贈的許多作品，收藏於神社內的承天閣美術館。平成二十八年（西元二〇一六年）是伊藤若沖三百年冥誕，當時也曾掀起一股若沖風潮。若沖是一位四十歲後才專注於繪畫的繪師，與相國

興建於相國寺境內中心處的巨大法堂。

寺一一三世住持禪僧大典顯常私交甚篤，相國寺內因而收藏了許多若沖的作品。

相國寺內珍藏有許多中國宋畫，若沖原本以臨摹宋畫的方式提升身為繪師的畫功，反覆臨摹了許多宋畫。然而，後來他發現，無論臨摹再多宋畫也無法超越宋畫，於是決定專注於描繪眼前看到的東西。他在宅邸院子裡養雞，徹底觀察雞的形貌，最後終於掌握雞隻的神髓，獲得驚人的繪畫技法與前人未至的表現力。

化身為茶人千宗旦的狐狸

從前，據說一隻棲宿於相國寺內的古狐，幫助寺門外瀕臨破產的豆腐店重振，還令附近的店家跟著生意興隆。此外，牠還經常化身為人，打扮成修行僧的樣子出現在禪堂，一臉若無其事的樣子加入托缽行列，或是享受與人下圍棋的樂趣。

有一次，這隻古狐化身為集茶道之大成的千利休之孫、同為茶人的千宗旦，出現在相國寺舉行的茶會上，甚至當著千宗旦眾弟子的面，表演了一手精湛的泡茶技藝後才離開茶室。古狐離去之後，真正的千宗旦來了，不發一語地開始泡茶。弟子們竊竊私語，忍不住問剛才泡的茶是怎麼回事？見千宗旦不明就裡，這才恍然大悟，發現剛才的宗旦是狐狸化成的人形。後來，這隻古狐被稱為宗旦狐，成為神社境內社殿祭祀的開運神。

宗旦稻荷裡祭祀的是化身為千宗旦的古狐。

Access 搭乘地下鐵烏丸線至今出川站，從 1 號出口出來徒步約 3 分鐘。（地圖 P.12）

京都市
右京區

古代豪族・秦氏祀奉的養蠶之神

蠶之社

據說古代住在京都盆地西側桂川流域的豪族秦氏，是中國秦始皇的後裔，從中國渡海來日後成為豪族。秦氏將中國大陸特有的文字、造酒技術、養蠶技術、紡織技術及土木技術等文化帶入日本，桂川流域在他們的培育下，成為豐饒的農耕地帶。秦氏一族與聖德太子建立了深厚交情，進而拓展家族勢力，成為一大豪族。

現在京都盆地西側一帶，仍留有許多與秦氏一族淵源深厚的社寺史蹟。有一個說法是，秦氏一族做為根據地的「太秦」，地名的漢字分別取自聖德太子的「太」和秦氏的「秦」。此外，「太秦」讀音「UZUMASA」，也與秦氏擅長紡織有關。相傳秦氏一族將織好的布匹層層疊起，進獻朝廷，因而獲得天皇賜姓「禹豆麻佐」，太秦這個地名便是從禹豆麻佐音轉而來（註：日文中形容層層堆疊的「堆い」讀音「UZUTAKAI」，「禹豆麻佐」發音則為「UTSUMASA」，與太秦的「UZUMASA」相近）（眾說紛紜，這只是其中一種說法）。

此外，位於太秦的廣隆寺是秦氏首長秦河勝所建，寺中奉聖德太子賜予的彌勒菩薩像為本尊。另外，像是為了祭祀秦氏一族的祖神大山咋神而創建的松尾大社等，這些與秦氏關係匪淺的社寺，將古代的歷史傳承至今。

正式社名為木島坐天照御魂神社

從太秦廣隆寺往東走約十分鐘，住宅區裡突然出現一座鬱鬱蒼蒼的森林，這座森林稱為元糺之森，木島坐天照御魂神社就矗立在這座森林中。由於正式社名太長，又因神社境內另設有祭祀養蠶紡織之祖神的養蠶神社（東本殿），木島坐天照御魂神社就被稱為「蠶之社」了。這間神社始於過去定居在這一帶的秦氏，為祭祀水神而立，是平安時代廣受信仰的乞雨之神。

位於住宅區廣大蒼鬱森林中的蠶之社。

此外，神社境內有一水池，池中建有人稱「三柱鳥居」的三足石造鳥居。鳥居中心是以石頭組成的神座，據說是為了方便民眾從任何一個方位都能參拜，因此打造成這樣的形狀（眾說紛紜，這只是其中一種說法）。

在夏季「土用丑之日」時（註：根據日本曆法，一年之中最熱的時期，亦即中文的伏天），神社會在建有三柱鳥居的神池旁舉行御手洗祭，人們將手腳

元糺之森的水池中，有著舉世罕見的三足鳥居。

浸在池水中，象徵洗去罪愆污穢，祈求無病息災（現在池中為無水狀態，往年到了御手洗祭時，池中便會充滿池水）。

古代豪族秦氏與賀茂氏的交流

淵源於秦氏的蠶之社，從其所在地的元糺之森，到神社於土用丑之日舉行的御手洗祭，都令人感受到秦氏一族與同為古代豪族，定居京都盆地北側的賀茂氏之間關係匪淺。舉例來說，下鴨神社所在地也是一座森林，稱為糺之森，而蠶之社所在地則稱為元糺之森。此外，兩座森林中都有水池，也同樣都在夏天於池邊舉行將手腳浸入水中除罪祓穢的御手洗祭。就像這樣，賀茂氏家的氏族神社下鴨神社、秦氏一族的蠶之社的各種共通點，顯示出兩族之間的交流。

Access 搭乘嵐電到蠶之社（蚕ノ社）站，徒步約 3 分鐘。（地圖 P.13）

第四章

與食物相關の私藏景點

京都市
左京區

連專業人士也來參拜的料理點心之眾神

山蔭神社・菓祖神社

奈良時代，貴族藤原不比等於奈良御蓋山腳下創建了春日大社，以武甕槌命、經津主命、天兒屋根命及比賣神四位神祇（春日明神）為祭神祭祀，祈求國泰民安，人民幸福。

後來，都城自奈良遷往京都，貞觀元年（西元八五九年），藤原山蔭將奈良春日大社中祭祀的春日明神奉為守護平安京的守護神，祭祀於京都吉田山，創建了吉田神社。這一帶自古以來就是傳說中神祇下凡演奏神樂的地方，又被稱為神樂岡，是民眾心目中虔誠崇敬的聖地。

除了於本殿祭祀春日明神外，還設有祭祀八百萬神的齋場所大元宮，以及祭祀料理之神的山蔭神社，祭祀點心之神的菓祖神社等。吉田神社佔地廣闊的境內，分佈著祭祀各種不同神明的神社。

尋求長生不老水果的田道間守

從吉田神社本殿走上參道，左邊有寫著「菓祖神社」的石碑，再走上坡度較緩的階

坐鎮於階梯上方的菓祖神社。

吉田神社每年會從二月二日到四日舉行盛大的節分祭。

梯，就能看到菓祖神社本殿。這裡的祭神是據說將橘子這種水果帶入日本的田道間守命，以及傳說中日本最初製作出饅頭這種點心的林淨因命（註：日語中漢字寫成「饅頭」的點心和中文的饅頭不同，多半有包豆沙餡等，尺寸較小，外皮也較薄）。因此，以京都為中心的甜點業界人們篤信菓祖神社，神社四周的玉垣圍牆上，成排捐獻者的名字中，不乏點心店或點心製造公司的名稱。

被視為點心之神崇拜的田道間守是傳說中的人物，他和第十一代垂仁天皇之間有段故事。

從前從前，田道間守奉垂仁天皇之命前往常世國（不老不死的世界），取回長生不老的靈藥「非時香菓」（橘子的果實）。然而，當他將靈藥帶回來時，天皇已經離世，得知噩耗的田道間守在天皇墳前呈上香菓後，便自盡身亡。因為這件事，人們便開始在天皇陵墓旁種植橘樹。此外，據說這也是御所紫宸殿前右近橘的由來。

庖丁式的創始者藤原山陰是料理祖師爺

從菓祖神社的石碑處繼續沿著參道走，右手邊就會看到山蔭神社，這是祭祀吉田神社創建人藤原山蔭之處。

山蔭神社祭祀著深受崇拜的料理之神。

藤原山蔭擅長烹飪是眾所周知的事，他也是能不用手觸摸魚身，只用菜刀和調理筷完成剖魚的「四条流庖丁式」創始者。因為這個緣故，藤原山蔭被視為料理祖師爺，自古以來便是深受民眾崇拜的菜刀之神，也是料理與飲料之神。與菓祖神社一樣，從老店到名店，山蔭神社周圍的玉垣圍牆上寫滿了各種料亭及餐廳之名。

Access　搭乘京都市公車到京大正門前下車，徒步約 5 分鐘。（地圖 P.14）

專欄 祀奉天地所有神祇的齋場所大元宮

室町時代，吉田神社的神職者吉田兼俱，是一位主張信奉唯一神明及其唯一神道（通稱吉田神道），致力於重建神道界的人物。文明十六年（西元一四八四年），兼俱在吉田神社境內創建了齋場所大元宮，做為吉田神道的根據地。

齋場所大元宮平時關閉中門，信眾只能在門前參拜。不過，每年正月三天與節分祭（二月二日至三日）時，還有每月一日會將中門打開，開放信眾參拜本殿及東西兩側的各座神社。

中央本殿祭祀天神地祇八百萬神，是為祭神。本殿東西兩側的各神社中，祭祀著總共三千一百三十二尊神祇。神祇的數量來自平安時代整理的神社一覽《延喜式神名帳》，根據本書記載，這就是日本全國各地所有神社與神明的數量。換句話說，只要參拜齋場所大元宮，就等於參拜了日本所有神社，也相當於能獲得全日本所有神社的保佑。

源自吉田神道的齋場所大元宮。

京都市
北區

將病痛封入小黃瓜

神光院

神光院門前的石碑上刻著厄除弘法大師道的字樣。

從上賀茂神社越過賀茂川上的御園橋往西走，會連上御園橋801商店街。這附近以前是一望無際的農地，現在已成為住宅區，商店街上也人聲鼎沸，相當熱鬧。沿著這條商店街再走二十分鐘，就能看見神光院了。豎立於門前的石碑上刻著「厄除弘法大師道」，右下隱約可見刻有「由此往北西約五町」的字樣。事實上，這塊石碑以前設置在神光院東南方，只是現在移到這個地方來了。

弘法大師親手雕刻的厄除弘法大師像

神光院與東寺、仁和寺一樣，都是祭祀弘

法大師的寺院，合稱京都三弘法。神光院位於西賀茂，是西賀茂一帶人們口中的「弘法桑」。

弘法大師造訪神光院，是在他四十二歲左右時。結束於此地的修行，離去之際，因即將和村里的人們離別而感到悲傷，於是根據自己倒映在神社池水中的身影，親手刻了自己的雕像，告訴人們只要相信他所傳播的教義就能除盡災厄。這座雕像正是如今供奉在本堂中的本尊弘法大師像。直到現在，民眾仍篤信參拜弘法大師能除災解厄。

神光院的創建與上賀茂神社有很深的淵源。據說上賀茂神社之神主賀茂能久於建保五年（西元一二一七年）得到神諭，要他在能接受靈光照耀的地方建立一座廟宇，神光院就此創立。此後，神光院成為密教道場，參拜者絡繹不絕，不料江戶後期遇上火災，建築物因而燒毀，直到明治十一年（西元一八七八年）才獲得重建，並加蓋書院等設施，維持至今。

保佑諸病痊癒的「小黃瓜塚」。

用小黃瓜摩擦身體患病處，祈求諸病痊癒

消災解厄相當靈驗的神光院，會在每年七月二十一日的土用丑之日，舉行祈求封印諸病的傳統活動「小黃瓜封」。這個傳統活動源於弘法大師將疾病之苦封入小黃瓜中，藉此消除疾患的做法。參加活動者將姓名、年齡及病名寫在小黃瓜上，接受祈禱，再將小黃瓜供奉在寺院內的小黃

瓜塚。每年的這一天都有許多人參加活動，祈求諸病痊癒，早日康復。

大田垣蓮月尼度過餘生的隱居地

茶室附近有塊刻著「蓮月尼棲之茶所」的石碑。幕府末期的歌人大田垣蓮月晚年隱居神光院，這塊石碑就是這麼來的，茶室的名字也叫蓮月庵。

石碑說明了大田垣蓮月的足跡。

蓮月是一位丈夫與孩子早逝，三十三歲出家的尼僧，號蓮月尼。她一生中遷居三十多次，直到晚年才住進神光院，度過平靜的餘生。

征討者與被征討者　都要關心
因為都是　同一個國家的子民

因應明治維新，西鄉隆盛率領新政府軍前往舊幕府軍聚集的江戶時，大田垣蓮月懷著希望避免戰爭的心情，贈與了他這首歌。有人認為這是後來西鄉隆盛與勝海舟會談，在避免日本人血肉相殘的情形下，達成江戶無血開城的重要原因之一。

Access　搭乘京都市公車至神光院前站，徒步約 3 分鐘。（地圖 P.12）

京都市
右京區

吃下大根焚寺的熱呼呼菜頭，祈求無病息災

了德寺

說到京都十二月的風情畫，就不能不提歌舞伎的一大盛事——吉例顏見世興行。只要一在南座（註：京都四條南座劇場）正面高掛寫上歌舞伎演員名字的宣傳招牌，歲末風情瞬間席捲京都。

此外，十二月七日、八日在千本釋迦堂（請參照P.143），十二月九日、十日在了德寺舉行的「大根焚」，也是京都的歲末風情畫之一。

感動親鸞聖人的鳴滝大根焚

從仁和寺往西，就會來到地名叫「鳴滝」的地方。很久以前，原本平靜的瀑布忽然發出巨響，感到奇怪的村人和寺院的和尚討論過後仍不知原因，和尚便姑且請村人聚集到寺院裡的高地。結果當天晚上，發生了沖走整個村子的大洪水，提前避難的村人因聚集到高地而獲救，這才發現瀑布發出的巨響是在警示洪水即將來襲。從此之後，瀑布就被稱為「鳴滝」（註：日文中「滝」是瀑布的意思），這個村子也稱為「鳴滝之里」。

建立在鳴滝這個地方的了德寺每年十二月

在本堂中享用熱騰騰的燉煮蘿蔔，祈求無病息災。

俗稱大根焚寺。

九日、十日都會舉行傳統活動「大根焚」（註：日文中的大根就是白蘿蔔）。這個習俗始於建長四年（西元一二五二年），淨土真宗開山祖師親鸞聖人來到鳴滝之里說法講經之際，當地人在缺乏物資的情形下，用鹽煮白蘿蔔盡心款待了他。深受感動的親鸞聖人用一束芒草代替筆，寫下「歸命盡十方無礙光如來」（意思是獻身阿彌陀如來就能找到心靈歸依之意）的十字名號（註：名號指的是佛或菩薩的稱號，有六字、九字、十字等），送給村人做為回禮。這就是每年舉行「大根焚」活動的典故。

舉行大根焚這兩天，神社內會用大桶裝滿白蘿蔔燉煮，鍋邊熱氣蒸騰，前來分一碗燉煮蘿蔔的人絡繹不絕，熱鬧十足。在本堂中享用燉煮蘿蔔後，再向親鸞聖人像合十祝禱，祈求無病息災。

Access 搭乘京都市公車，至鳴滝本町站下車，徒步約 3 分鐘。（地圖 P.13）

專欄

源自佛陀釋迦悟道日的千本釋迦堂燉煮蘿蔔

圓滾滾的白蘿蔔上寫著表達感恩之心的梵字。

千本釋迦堂（地圖 P.13）的正式名稱是大報恩寺，相傳是藤原秀衡之孫義空上人創立的寺院，現已成為日本國寶的本堂，更奇蹟似地是從安貞元年（西元一二二七年）創立至今的建築，也是京都所有城鎮中歷史最悠久的建築物。這裡祭祀的本尊是釋迦如來像。

千本釋迦堂每年於十二月七日及八日這兩天舉辦「大根焚」活動。這個習俗始於鎌倉時代，因十二月八日是佛祖釋迦牟尼悟道（成道）之日，祭祀釋迦的寺院在這天舉行「成道會法要」，許多信眾聚集前來參拜，將印上梵字的白蘿蔔煮來吃，祈求無病息災。

現在的做法也是在白蘿蔔上寫下梵字，代表對佛祖釋迦的虔敬之心，然後用這些白蘿蔔舉行加持祈禱，再將白蘿蔔與油豆腐一起放入鍋中燉煮，讓參拜者享用。據說只要吃了這些白蘿蔔，就可遠離疾病與災禍。在寒冷的冬天裡，每年仍有許多信眾前往參拜。

京都市
上京區

御所門上刻著年糕店的名號

京都御所・道喜門

京都御所過去是天皇居住的地方，現在則由宮內廳管理。原本想參觀京都御所，只能利用每年春、秋兩季對一般民眾公開的時間，而且必須事先向宮內廳提出申請，不過，從平成二十八年（西元二〇一六年）七月起，京都御所已改成全年對外開放。整個京都御所總共有六個大門和十三個方便出入的「穴門」，現在對外開放的出入口只有清所門一處。

在六個大門中，地位最高的是建礼門，在建礼門東側不遠處有一個道喜門，據說這是以前為了方便糕餅店川端道喜向御所進貢糕餅所開設的出入口，因此稱為道喜門。

每天早上送進御所的川端道喜糕餅

糕餅店川端道喜創立於文龜三年（西元一五〇三年）。曾是武士的渡邊進開了這間餅店，到了他的女婿川端道喜這一代，開始以自己的名字做為店號，後來這個名字又由歷代店主世襲，直到現在。據說當年第一代川端道喜不但曾向茶人武野紹鷗學習茶道，也是一位精通國學與和歌，多才多藝的人物。

室町時代，御所財政困窘之際，第一代川端道喜每天早上都會為第一〇四代後柏原天皇進獻包了鹹豆沙餡的糕餅，於是這餅被稱為「御朝物」，是後柏原天皇每天早上最期待的事。

到了江戶時代，即使御所財政已變得比過去寬裕，川端道喜仍繼續進獻糕餅，只是天皇不再像從前那樣當作朝膳享用，而改為欣賞糕餅的儀式「朝餉之儀」。直到明治天皇遷都東京前，宮中一直持續著這樣的「朝餉之儀」。

距今約三百年前，川端道喜送糕餅時進出的這道專用門「道喜門」，第一代道喜其實是在織田信長修繕御所時，擔任「工事奉行」（也就是監工）的人。修繕時為了搬運建材而在原本的圍牆上鑿了一個出入口，設下一道門，這個門便被稱為道喜門。後來，京都御所經歷了幾番火災與重建，在整修的過程中道喜門始終獲得保留，直到今日。

附帶一提，過去位於蛤御門前的川端道喜糕餅店，現在已搬遷至北山通與下鴨本通的交叉口西南方，將過去的傳統滋味傳承到現代。

低調立於建礼門東側的道喜門。

Access　搭乘地下鐵到今出川站，從 1 號出口出來，徒步約 5 分鐘。（地圖 P.14）

專欄

御所・御苑的御門二三事

京都御所有六道大門，其中等級最高的御所正門是建礼門。建礼門原本只有天皇出入時才開放，現在改成天皇同行時，包括皇后、他國國王或總統亦可進出。

御所東側的建春門在皇后或太子出入時開放，西側的宜秋門是公家朝臣進出時使用的門，故也稱公家門。

環繞京都御所周圍的京都御苑有九道御門和六道便門。每年五月舉辦葵祭，十月舉辦時代祭時，典雅的遊行隊伍會從南側中央的堺町御門出來，走向京都的街道。此外，蛤御門過去是不開之門，直到江戶時代遭遇大火時才初次敞開，人們用蛤蠣比喻這個「被火燒開」的狀況，才有了現在蛤御門的名稱。幕府末期發生了蛤御門事變，長州藩軍和幕府軍以這道門為界展開激戰，現在屋頂下的橫樑上還留有當時的彈痕。

幕府末期曾在此展開一場激戰的蛤御門。

等級最高的御所正門，建礼門。

京都市
左京區

雜炊粥的起源——十夜粥

真如堂

春天的櫻花，秋天的楓紅，將境內點綴得美麗如畫。真如堂，正式名稱是真正極樂寺（意指這裡是真正能通往極樂世界的寺院）。據說這裡的阿彌陀如來像是永觀二年（西元九八四年），由比叡山僧侶円仁親手雕刻，後由戒算上人奉為本尊祭祀，這就是真如堂的創始由來。從此之後，除了受到法然上人及親鸞聖人等念佛行者崇敬外，真如堂深受女性信仰，被認為是保佑女性特別靈驗的寺院。

守護女性的本尊・點頭彌陀

平安初期，僧侶円仁剖開一柱根部發光的靈木，分開的兩塊木材渾然天成，狀似一座像與一立像。円仁用座像造型的木頭刻成一尊阿彌陀如來像，立像造型的木頭則加以珍藏。其後，円仁搭乘的遣唐使船隻遭暴風雨侵襲時，阿彌陀如來佛在狂風暴雨與驚濤駭浪之中出現，暴風雨因而平息，眾人平安無事。將這尊阿彌陀如來佛像帶回日本的円仁，決定將原先珍藏的立像造型木頭再刻成一尊阿彌陀如來

京都市內所有天台宗寺院中規模最大的真如堂本堂。

像，並將帶回日本的小型阿彌陀如來像以「胎內佛」方式納入其中。就在這尊阿彌陀如來像即將完成時，円仁請求阿彌陀如來佛守護比叡山的修行僧，卻遭佛像搖頭拒絕，再次請求阿彌陀如來佛守護京都民眾，尤其是女性民眾時，佛像點頭答應了。此後，這尊佛像也被稱為點頭彌陀。後來，戒算上人將佛像從比叡山移往真如堂，成為真如堂的本尊。

本尊阿彌陀如來像（點頭彌陀）坐鎮真如堂本堂裡的佛櫥中央，面對佛像右側是天台宗祖最澄親手雕刻的千手觀音像，左側祭祀的則是大陰陽師安倍晴明的念持佛，不動明王像。

每年十一月十五日是「十日十夜別時念佛會」的結願日，佛櫥只限這天「御開帳」，對外公開。

於御十夜法要時享用的御十夜粥是什麼？

室町時代，有一個名叫平貞國的武士深感世事無常，決定出家，於是進了真如堂閉關。到了第三天，閉關三天三夜後的他終於將踏入佛門……就在此時，平貞國夢中出現一名僧侶，囑託他放棄出家。

就這樣，貞國沒有出家，而是回到自己家中，這才發現原本在幕府擔任重要職務的兄長受到自肅處分，由貞國繼承兄長地位，成為家督（即一家之長）。如果沒有夢中的囑託，貞國可能已經出家，家業就無人可繼承了。發現這一點的貞國認為阻止自己出家的囑託來自阿彌陀佛的引導，內心感激不已。於是他決心念佛七日七夜，加上之前閉關時的三天三夜，完成十日十夜的念佛修行，這就是俗稱「御十夜」的十日十夜別時念佛會起源。根據教義，只要在這個世界達到行善十日十夜的修行，效果勝過在佛陀世界行善千年。日後，這個教誨與做法傳遍了全國淨土宗的寺院。

御十夜粥。

每年十一月五日至十五日這段期間，在真如堂寺內可吃到相傳可預防中風的御十夜粥。也有一說法是「御十夜」（OJUYA）的發音近似「粥」（OJIYA），因此發展出吃御十夜粥的習俗，以祈求阿彌陀佛保佑。

Access　搭乘京都市公車至真如堂前站下車，徒步約 8 分鐘。（地圖 P.14）

宇治市

連齋食也是中式素食

萬福寺

每年一到新綠季節就看得到日本自古傳承下來的採茶風光，這裡是宇治，也是一個有著中式建築寺院的地方。江戶前期，從明朝統治下的中國來到日本的僧侶隱元禪師創建了這座寺院，黃檗宗大本山的萬福寺。

隱元禪師出生於中國福建省，於承應三年（西元一六五四年）赴日，萬治元年（西元一六五八年）謁見江戶幕府第四代將軍德川家綱。隔年，隱元禪師決心定居，幕府在宇治給予他一塊寺地，於寬文元年（西元一六六一年），在這塊寺地上創立了萬福寺。

延寶元年（西元一六七三年），隱元禪師八十二歲那年辭世後，以萬福寺二世住持木庵為首的中國僧侶接掌住持職務。直到天明五年（西元一七八五年），才首次由日本僧侶接任第二十二世住持。

隱元禪師從中國帶來的豆類食材是什麼？

隱元禪師於承應三年（西元一六五四年）

率二十名弟子赴日，除了傳播黃檗宗的教義外，也將中國明朝的各種文化帶進日本。例如中國建築、美術、印刷，以及中式煎茶、普茶料理，此外，還有隱元豆（一種扁豆）、西瓜、蓮藕等食材，整體來說，對江戶時代的日本文化帶來很大影響。

其中尤以能在萬福寺及門前的白雲庵中吃到的中式素菜「普茶料理」為最。普茶指的是「為普世之眾供茶」的意思，通常在法會儀式等結束後，僧侶們齊聚一堂，一邊喝茶一邊交換意見，這時做為茶點端上桌的，就是普茶料理。這種裝在大盤子裡的素菜講究裝盤，外觀優美，重視營養，同時提供給眾人一起享用，愈多人聚在一起吃，愈能吃出美味，令人想一嚐箇中滋味。

從第一道「總門」就能看出異國風情。

中式素菜「普茶料理」。

Access 搭乘 JR 奈良線到黃檗站，下車徒步約 5 分鐘。（地圖 P.11）

專欄 隱元禪師從中國明朝帶來的明朝體

萬福寺內有一座人稱寶藏院的塔頭寺院，是昔日隱元禪師在萬福寺內授予鐵眼禪師一塊寺地，再由鐵眼禪師於寬文九年（西元一六六九年）時創建的寺院，起初用來做為一切經（註：佛教聖典之總名。或曰大藏經）的印刷所。

珍藏著鐵眼版本一切經版木的寶藏院。

這位鐵眼禪師以出版隱元禪師所傳經典（一切經）為志，花了大約二十五年歲月，共雕刻出六萬片印刷用版木，並用這些版木印刷出了當時最新版的一切經，向世人傳播。雕刻在這些版木上的字型是中國明朝的字體，換句話說，現代印刷使用的字型「明朝體」正發源於此。此外，每一片版木的規格都是二十行，每行二十字，一片版木總共可印四百字，成為今天四百字稿紙的起源。

如上所述，現代字型中的明朝體及現代稿紙的原點，可說是鐵眼禪師製作的一切經印刷版木。這些版木如今收藏在萬福寺塔頭的寶藏院中。

第五章

與全日本之旅相關の私藏景點

京都也有伊勢桑

日向大神宮

將太陽神格化，就成為日本神話中的女神，天照大御神。

根據日本神話內容，因前往黃泉國（死者的世界）而污穢了身體的伊邪那岐命在川邊淨身時，陸續生下了幾位新的神祇。清洗左眼時出生的就是天照大御神，清洗右眼時則生下月讀命，清洗鼻子時生下素盞鳴尊。這三位神祇稱為三貴子，在日本人心目中是特別受到崇敬的神明。

將天照大御神奉為主祭神祭祀的伊勢神宮（位於三重縣伊勢市），因為天照大御神為皇室祖神之故，一直是受到皇室篤信尊崇的神社，中世紀之後連庶民也虔誠信仰，「伊勢參拜」香火鼎盛。話雖如此，大老遠前往伊勢參拜所需的旅費不貲，對當時一般庶民而言是一筆很大的負擔，於是就有了「伊勢講」這種方式的出現。隸屬同一「講」的人們共同分攤一筆前往伊勢參拜的旅費，再用抽籤方式決定由誰代表其他講眾上路。由此可知，伊勢神宮對人們來說是高不可攀、位階特別高的神社，也

日向大神宮之外宮。和伊勢神宮一樣，採用「神明造」的建築樣式興建社殿。

是人們心目中根深蒂固的信仰對象。

祭祀天照大神，京都的伊勢桑

在京都的東山，有一座人稱「京都伊勢桑」的日向大神宮。和伊勢神宮一樣，這裡祭祀的主祭神是天照大御神，從前無法前往伊勢神宮的人會到日向大神宮進行伊勢參拜，當作一種替代方案。

日向大神宮歷史悠久，創建時期可回溯至五世紀末，相當於第二十三代顯宗天皇的時代。據說最早是將日向國（宮崎縣）高千穗峰上的神址遺跡（從前祭祀神靈的場所）遷移到現址時所創建。其後，第三十八代天智天皇贈與神田，將這片神域上的山取名為日之御山。社殿曾一度在室町後期應仁之亂時燒毀，後來經過重建，江戶時代德川家康下令返還原本喪失的社領後，維持至今。

在神話中登場的天岩戶

參拜完祭祀天照大御神的內宮後，從石階往下，沿左側山道往前走不遠，就會看見曾在神話中登場的天岩戶。穿過岩石間，進入岩屋，裡面有一「戶隱神社」坐鎮其中。這裡所祭祀的祭神是天手力男神。

天岩戶的由來是這樣的：天照大御神統治的天之世界，遭其弟素盞嗚尊粗暴擾亂，天照大御神氣得把自己關進天岩戶中。天照大御神一旦躲進岩石中，天上就會失去太陽，世界陷入一片黑暗，農作物無法生長，萬物失去了秩序。根據神話傳說，為了解決這個問題，以力大自豪的天手力男神便將天照大御神從岩石間拉出來。來到這裡，彷彿親眼目睹神話故事場景。神話中的天岩戶，就這麼隱世獨立在京都此處。

坐鎮於天岩戶深處的戶隱神社。

Access 搭乘地下鐵東西線至蹴上站，從 1 號出口出來後，徒步約 15 分鐘。（地圖 P.14）

京都市
東山區

在京都也會被牛牽去善光寺！？

得淨明院

淨土宗總本山知恩院附近不遠處的得淨明院這塊土地，原本是從皇室出家的入道親王住過的知恩院華頂殿建立之處。明治二十七年（西元一八九四年），得淨明院做為信州善光寺（位於長野縣長野市）的京都別院（尼寺），由善光寺第一一七世住持誓圓尼所創建，祭祀的本尊則是善光寺的阿彌陀如來像之分身佛像。

明治時期，對一般人來說，從京都到長野善光寺參拜並不是件容易的事，誓圓尼希望住在關西地區的民眾也能與善光寺阿彌陀如來結緣，於是發心在京都成立得淨明院。

在一片漆黑中繞行戒壇，找尋極樂之鎖

祭祀於本堂的本尊佛像，是善光寺本尊之分身的一光三尊阿彌陀如來。站在後光（註：指佛像背後之光相）前，中央是阿彌陀如來佛像，面對佛像右側是觀音菩薩，左側則站著勢至菩薩。

另外，和長野善光寺一樣，這裡的本堂下方也設有戒壇，建設為可繞行戒壇的建築樣式。

盛開的「一初」。

「一初」開花的時期，得淨明院會舉行特別拜觀，參拜者絡繹不絕。

所謂繞行戒壇，指的是在祭祀本尊的琉璃壇地板下的一片漆黑中，沿著設置於此的迴廊繞行，只要能在中段處摸到極樂之鎖，就能與本尊結下佛緣，獲得往生之際接往極樂世界的承諾。在伸手不見五指的一片漆黑中，只能靠著摸索牆壁前進，名副其實地一邊用手摸索，一邊繞行戒壇。若能順利摸索著找到極樂之鎖，就能幸運地與阿彌陀佛結緣。各位造訪此處時，請務必前往累積功德。

菖蒲中最早開花的「一初」勝地

每年四月下旬到五月，得淨明院內會開滿美麗的菖蒲花。在得淨明院所有的菖蒲中，最早開花的一批又被稱為「一初」。配合超過一千朵「一初」開花的時期，院方會舉行特別活動，開放民眾拜觀，不妨趁此時期造訪得淨明院，一次體驗繞行戒壇與欣賞「一初」的樂趣。

Access　搭乘地下鐵東西線至東山站，出1號出口後徒步約5分鐘。（地圖P.14）

京都市
右京區

花兩小時完成四國八十八箇所靈場巡禮

仁和寺・御室八十八箇所靈場

因御室櫻而為人熟知的仁和寺，是仁和二年（西元八八六年）第五十八代光孝天皇發願創建，但因隔年天皇駕崩，改由第五十九代宇多天皇繼承其遺志，完成寺院的建設，並取光孝天皇的年號「仁和」為寺名。

後來，因宇多天皇出家入寺，寺院內設了御室（天皇的居室），從此也被稱為御室御所。此後直到明治時代，代代都有皇室親王出家成為法親王，擔任仁和寺的住持，仁和寺也就成為一所位階高貴的門跡寺院（註：門跡寺院指的是由皇族、貴族擔任住持的特定寺院）。在所有門跡寺院中，仁和寺位居統領諸宗的首席最高位。

寺內建築眾多，令人感受到與皇室關係密不可分，寺內金堂乃直接移築御所內的紫宸殿，御影堂則使用御所內清涼堂的木材打造。

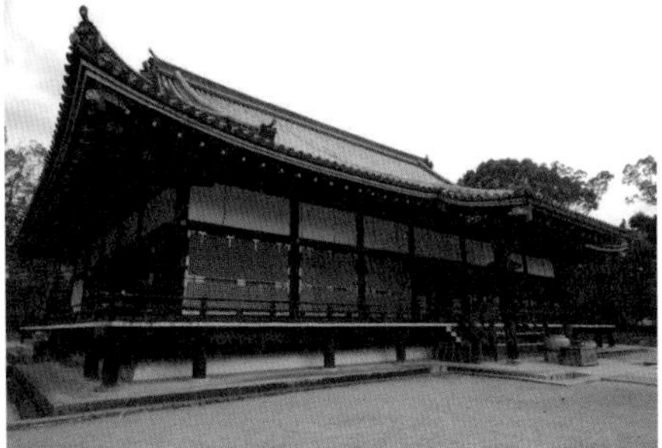
直接移築御所紫宸殿的國寶建築：金堂。

菅原道真坐過的菅公腰掛石

祭祀弘法大師像的御影堂東側，有一座小型建築，裡面祭祀的是石造的不動明王像。據說參拜時若一邊用後山湧出的泉水淋在不動明王身上一邊祈願，願望就會實現，因此這裡也被稱為「水掛不動」。

水掛不動明王像腳下有一塊人稱「菅公腰掛石」的岩石。傳說遭貶至九州太宰府的菅原道真公（菅公）拜訪宇多法皇時，由於法皇正在勤行（註：在寺院或佛壇前誦經禮拜的修行儀式），菅公便坐在這顆石頭上等待。

等同四國八十八箇所靈場的巡禮

仁和寺是弘法大師所創真言宗的御室派總本山，在仁和寺後山有御室八十八箇所靈場，等同於源自弘法大師的四國八十八箇所靈場。古時人們若想從京都前往四國進行

菅原道真坐過的菅公腰掛石所在之處「水掛不動」。

走在享受大自然的步道上，完成八十八箇所靈場巡禮。

八十八箇所靈場參拜，無論交通或經濟上都很困難，遂於江戶後期的文政十年（西元一八二七年），在當時仁和寺法親王請求下，把從四國八十八箇所靈場帶回的沙子埋在仁和寺後山，並在上方建設堂宇，是為御室八十八箇所靈場。

一邊感受四季更迭的自然風景，一邊走在長約三公里的參拜路徑上，沿路隨處皆有參拜所（堂宇）分佈，裡面分別祭祀著各靈場的本尊。八十八箇所靈場全年皆可自由參拜，全程參拜所需時間約兩小時。遇到天氣晴朗的日子，還有機會俯瞰京都市區的美景。

Access　搭乘嵐電到御室仁和寺站，出站即達。（地圖 P.13）

專欄

踏遍各靈場的沙，完成四國八十八箇所巡禮

今熊野觀音寺之本堂。

始於弘法大師為安置觀音像而創建的今熊野觀音寺（地圖 P.12），每年九月二十一日至二十三日會舉行傳統活動的「御砂踏法要」。堂內鋪設沙袋，裡面裝的是從四國八十八箇所靈場帶回的沙，參拜方式就是踏遍這些象徵四國八十八箇所的沙袋。參拜者身穿蓋御朱印用的白衣「笈摺」，帶著寫上自己姓名的牌子「納札」參拜各靈場。據說，這麼做和實際前往四國參拜八十八箇所靈場有相同效果。活動經常吸引許多高齡者、身體不適無法遠行及無法親自前往四國參拜的人。此時奉納各靈場的納札，會在日後由代參者帶到四國的靈場代為奉納。

京都市
上京區

保佑義經前往奧州旅途平安

首途八幡宮

平治元年（西元一一五九年），勢力擴張的源氏大將軍源義朝，與從都城千位美女中選出的絕世美女常盤御前生下了一個男孩，義朝為男孩取了個幼名叫牛若丸，他就是後來的源義經。據說牛若丸的誕生地義朝宅邸在現在的北區紫竹一帶，那裡現在還留有當時用來準備牛若丸產湯的水井，稱為「牛若丸誕生井」，附近也有個叫做牛若町的地方。

在平治之亂中，因父親源義朝遭討伐，年幼的牛若丸被寄養在鞍馬寺。傳說他白天在鞍馬寺內讀書學習，晚上進入鞍馬山中，向鞍馬天狗學習兵法及劍術。直到現在，從連結鞍馬寺與貴船神社的林間道走過時，還可看到義經堂、義經背比石等與牛若丸關係密切的歷史遺跡。

然而，到了平清盛統率平家的全盛時代，身上流有源氏之血的源義經逐漸感到生命受威脅，為了接受勢力擴大中的藤原秀衡庇護，決定從京都出發前往奧州平泉（現在的岩手縣平泉町）。

踏上旅程，祈求保佑旅途平安

矗立於西陣的首途八幡宮，是為祭祀九州宇佐八幡宮神明分靈而創立，這裡的祭神是應神天皇、比賣大神、神宮皇后。過去首途八幡宮曾坐鎮於相當平安京中心地的大內裏北棟東北側，因此被視為王城鎮護之神，受到崇敬。

平安末期，這一帶有一棟宅邸，是與奧州方面有生意往來的商人金賣吉次所有。一般認為吉次就是替源義經下奧州做行前準備之人，義經在吉次宅邸整裝，再到附近神社祈求旅途平安。「首途」有出發的意思，因為這層緣故，從此這座八幡宮就被稱為「首途八幡宮」了。直到今日，這一帶地方上的人要出發旅行

祭祀主祭神應神天皇的首途八幡宮本殿。

專欄　與義經有淵源的地名・蹴上

源義經啟程前往奧州平泉之際，在山嶺道上遇到一名騎馬下山的平氏武士。武士騎的馬踩進水窪，濺起的泥水潑向義經，被激怒的義經一刀斬了武士。以此為典故，這附近的地名就叫「蹴上」（註：日文中有踢起的意思）。據說恢復冷靜的義經後悔自己不該因一時的怒氣斬殺武士，就在這裡設了石佛像加以祭祀。現在這裡仍祭祀著石佛義經大如來像。

此外，傳說義經在越過山巔後，用池水清洗染血的刀，在那個池塘附近，至今仍被稱為血洗町。義經當時坐過的石頭叫「牛若腰掛石」，目前保存在京都藥科大學操場邊。

前，都會先來此祈求平安，首途八幡宮也成為以保佑旅途安全出名的神社。

穿過鳥居，沿著細細的參道走，可看到一塊寫著「源義經奧州首途之地」的石碑。祭神八幡神的神使是鴿子，因此，境內像是手水舍前的銅像或屋瓦上的花紋等，很多地方都能看見鴿子的圖樣。

刻有「源義經奧州首途之地」的石碑。

Access　搭乘京都市公車至今出川淨福寺站，下車即達。（地圖 P.15）

京都市
東山區

守護舊東海道旅人平安的古老神社

粟田神社

東海道是以京都三条大橋為起點，經過十五國（註：當時的行政區以國為單位）後接上江戶日本橋的大道。慶長六年（西元一六〇一年），德川家康主導五街道整備，東海道就是其中一條整修的街道。從江戶日本橋到京都三条大橋間的五十三個驛站宿場，則稱為「東海道五十三次」。

江戶後期作家十返舍一九所著通俗文學《東海道中膝栗毛》，就曾描述住在江戶神田八丁堀的彌次與喜多從江戶出發，經由東海道前往京都大阪的情形。書中以當時的口語描述旅途見聞、各地名產及旅行途中的失敗談，成為大受歡迎的暢銷書。書中這對搭檔還得到一個「彌次喜多」的稱號。現在，在東海道西側起點的三条大橋西端，依然豎立著彌次與喜多的銅像。

有位將軍曾做出率領大批人馬沿東海道上京的空前創舉。寬永十一年（西元一六三四年），江戶幕府三代將軍德川家光為了參謁成為第一〇九代明正天皇的姪子，帶領三十萬七千名士兵踏上東海道，朝京都出發。這條上京行列的

粟田神社門前的舊東海道。

前導隊伍抵達三条大橋時，殿後的隊伍還在瀨田的唐橋（現在滋賀縣的大津市）。

遵從神意創建的粟田神社

粟田神社面朝過去人來人往的舊東海道，門前有一座大鳥居。神社歷史悠久，創建時期可回溯至平安時代前期。

貞觀十八年（西元八七六年），得到即將流行疫病的神諭，第五十六代清和天皇發出敕命，要求全國神社進行祛除疫病的祈願儀式。此時擔任敕使的藤原興世前往感神院祇園社（現在的八坂神社），花了七天七夜祈求疫病退散。第七天晚上，興世夢中出現一老者，告訴他「只要祭祀我必得國泰民安」，興世追問老者姓名，對方自稱大己貴神，並告知興世祇園

經過東海道的旅人在粟田神社祈求旅途平安。

東北方有一處清淨之地，那裡也是與牛頭天王（素盞嗚尊）淵源深厚之處，要興世將他祭祀在該地。興世醒來後，向天皇稟告此夢，迅速在那個地方創立了祭祀素盞嗚尊的神社，這就是後來的粟田神社。

江戶時代前，感神院新宮有時也被稱為粟田天王社，一直到明治時代才改稱粟田神社，並維持這個名字至今。

粟田神社位於東海道出入口，自古以來便是旅人祈求旅途平安的神社，祭祀民眾篤信的旅行安全之神。現在社務所仍有販售保佑旅途平安的旅行安全御守。

Access 搭乘地下鐵東西線至東山站，出 1 號出口後徒步約 5 分鐘。（地圖 P.14）

京都市
左京區

跌破滋賀眼鏡！京都的迷你琵琶湖

平安神宮・神苑

岡崎有京都市美術館、京都國立近代美術館和京都府立圖書館，是京都市民熟悉且喜愛的文化區域。平安時代後期，第七十二代白河天皇職掌院政時的白河院，以及許多莊嚴肅穆的寺院都位於這個區域。

此外，岡崎最具代表性的地標，就是平安神宮那高達二十五公尺的朱紅大鳥居。那是昭和三年（西元一九二八年），為紀念昭和天皇於京都舉行御大典（天皇即位儀式）而建。

祭祀京都最初與最後的天皇

明治二十八年（西元一八九五年），為紀念平安京遷都一千一百年，在岡崎舉辦了第四屆內國勸業博覽會。博覽會的主要展示場館之一，就是重現過去平安京政治中心的大內裏正廳朝堂院建築群。由於受到參觀民眾歡迎，博覽會結束後建築群獲得保留，並在此創建了平安神宮，祭祀遷都平安京的第五十代桓武天皇。後來，又在相當於皇紀兩千六百年的昭和十五年（西元一九四〇年）時，合祀了京都最

用橋墩製成的踏腳石。

由第七代小川治兵衛造景的平安神宮、神苑。

後一位天皇——第一二一代孝明天皇，並增建社殿及迴廊，成為現在的模樣。

保留了琵琶湖生態系的神苑

本殿北側有一座面積約三萬平方公尺的庭園——「神苑」。

庭園分成東、中、西、南四部分，西神苑有白虎池，中神苑有蒼龍池，東神苑有栖鳳池，各區域分別以水池為中心打造。設計神苑庭園的是活躍於明治時代的園藝師，第七代小川治兵衛。神苑中春天有紅枝垂櫻，初夏有杜若和花菖蒲，秋天有紅葉，冬天有雪景，四季皆能享受不同情調的美景。

名為臥龍橋的池中踏腳石，是用三条大橋及五条大橋的橋墩製成，透過小川治兵衛的巧思打造，讓渡橋上的人有宛如乘在龍背騰雲飛天、穿梭雲間的感受。

此外，池中之水乃自琵琶湖疏水匯入。近年來，遭外來魚種的繁殖威脅，幾乎快要消失的琵琶湖生態系，意外地完整保留在被陸地環繞的平安神宮池水中。目前已確認有原生琵琶湖中瀕臨絕種的煮頃鮒、黑腹鱊、諸子魚、葦登魚等十二種魚類生存，因此也將這裡稱為迷你琵琶湖。

專欄 成為近代化基礎的琵琶湖疏水道

明治時代，京都府知事北垣國道推動琵琶湖疏水工程，做為京都重振事業的一環，由年輕的技師田邊朔郎擔任設計及施工總負責人。明治二十三年（西元一八九〇年）完成連結琵琶湖與京都市之間的運河，其後展開琵琶湖疏水工程，用以達到船運、發電、上水道、灌溉等各種目的，成為京都近代化及殖產興業的基礎。

此外，在南禪寺一帶為財閥打造別墅園藝景觀的，正是經手平安神宮神苑的第七代小川治兵衛。和平安神宮一樣，這裡造園時使用的池水也由琵琶湖疏水引進，著名的庭園陸續誕生，其中有許多更保留至今。

田邊朔郎

Access 搭乘京都市公車到岡崎公園美術館站或平安神宮前站下車，徒步約3分鐘。（地圖P.14）

第六章

被怨念籠罩の私藏景點

京都市
下京區

盛載女人怨念的「斬惡緣信仰」水井

鐵輪之井

日本自古以來，就流傳著一種名叫「丑之刻參」的咒術。深受嫉妒心煎熬的女人為了詛咒對方至死，穿上白衣，臉上塗抹白粉，頭上戴著一個鐵環（別名「五德」，原本是火缽上放鍋子或水壺的爐具），鐵環上豎著點了火的蠟燭，於深夜兩點，也就是丑時之刻，將象徵詛咒對象的小草人釘在神社的御神木上。

這儀式必須連續進行七夜，到第七個晚上咒願就會實現。人們相信詛咒過程被任何人看見都會失效，所以特地選在深夜丑時進行。與這種咒術相關的地方之中，最有名的就是京都的貴船。

用水沖走罪穢

貴船自古以來便是祭祀水神之地，平安京遷都後，這裡因為是賀茂川的水源地，貴船的水神吸引了更多民眾崇拜。此外，水有洗去罪愆與污穢、清淨身心之效，引申出沖走惡緣、廣結善緣的意義，因此也被視為促成姻緣或斬斷惡緣的神明，「丑之刻參」等傳說正是從斬惡緣的想法發展出的民間習俗。據說紫式部及和泉式部都曾前來參拜，祈求結緣。

祈求不為人知地斬斷惡緣……

於深夜時分走進伸手不見五指的貴船山中，連續七個夜晚執行丑之刻參的女人們，究竟都是從哪裡來的呢？根據傳說，那個地方就是京都市區裡，位於「堺町通松原下ル」的歷史遺跡，鐵輪之井。

據說從前這附近住了一個女人，因為伴侶的不忠而陷入嫉妒，選擇以丑之刻參詛咒對方，最後有人說她跳井而死，也有人說她死在井邊。無論如何，這個女人的怨念籠罩了這口井，從此之後，人們認為只要讓惡緣對象喝下這口井裡的水，就能斬斷惡緣，這個做法也成為祈求斬斷惡緣的民間信仰，流傳至今。

為了防止不慎落井，現在水井上方已設置了蓋子，加上地下水脈降低的緣故，井底已經乾涸無水。即使如此，還是有很多人會把裝了水的寶特瓶放在井蓋上，希望藉此斬斷惡緣。那些寶特瓶裡的水，最後究竟會被誰喝下呢——擔心做這些事時被看到會失去效力，人們總是偷偷地來參拜。

深受信仰的厚重鐵輪之井。

鐵輪之井石碑。

遭怨靈「物怪」襲擊的夕顏之墓

從鐵輪之井往北，越過松元通，可在左邊的京町家屋前看到刻著「源語傳說夕顏之墳」的石碑。夕顏是紫式部著作《源氏物語》中的角色，這個歷史遺跡正與她有關。《源氏物語》在漫長的歲月中持續受到讀者喜愛，書中角色夕顏竟在不知不覺中被塑造為真實存在的人物，甚至為她搭建了夕顏之墓，這一帶還被稱為夕顏町。

在《源氏物語》中，夕顏是一位曾與主角光源氏邂逅的女性，某天晚上遭遇怨靈「物怪」襲擊而猝逝。現在夕顏之墓所在地，傳說是夕顏與光源氏相遇的地方。真實程度可疑的夕顏之墓與鐵輪之井距離如此之近，其中或許也存在著某種因緣。

刻著「夕顏之墳」的石碑。

Access 搭乘地下鐵烏丸線至五条站，從 1 號出口出來後徒步約 7 分鐘。（地圖 P.14）

京都市
東山區

傳說中通往陰間的水井

六道珍皇寺

從古至今關於現世與另一個世間之間的各種思考中，有一種叫做「六道」的世界觀。六道指的是天上道、人間道、地獄道、餓鬼道、修羅道、畜生道這六個世界，人們在現世的行為會影響輪迴（反覆轉世再生）時身處六道中的哪一個世界。

平安時代，人們認為若將眾人居住的平安京視為「現世」，在郊外埋葬死者的墓地就是「另一個世界」，而平安京與墓地之間的區域則被視為現世與另一個世界的交界處。

過去，平安京東方有一塊人稱鳥邊野（約為現在的西大谷附近）的墓地，人們認為代表現世的平安京與代表另一個世界的鳥邊野之間有一片廣大的六道世界，並將聚集眾多靈魂的這片原野稱為六原。

附帶一提，位於六原上的六波羅蜜寺（地圖P.14），其名稱正來自佛教用語中的六波羅蜜。

六道珍皇寺門前立有寫著「六道之辻」的石碑。

撞鐘迎接魂魄

一般認為，設立於六原之上的六道珍皇寺，是平安時代初期由僧侶慶俊創建，但也有其他說法，認為創建者應該是空海或小野篁。小野篁與平安前期學者兼歌人、漢詩人小野妹子同為小野一族出身的人物。關於小野篁有個不可思議的傳說，相傳他白天侍奉第五十二代嵯峨天皇，夜晚則侍奉閻魔大王，而六道珍皇寺裡的水井，就是小野篁前往另一個世界時的出入口。

閻魔堂祭祀的，是據說出自小野篁之手的閻魔大王像，同樣在這裡祭祀的小野篁像，則表現出正從水井前往另一個世界時的模樣。從閻魔堂中的小洞窺看小野篁像時，衣襬被風吹起的模樣，看來就像他正通過水井往下，前往另一個世界。

六道珍皇寺門前，寫有「六道之辻」的石碑豎立處是傳說中現世與另一個世界

響徹另一個世界的迎魂鐘。

的交界處。每年盂蘭盆節前的八月七日至十日，這裡會舉行迎接祖先魂魄（這裡將魂魄稱為「精靈」）的「六道參」。參拜者先在參道上的花店攤位購買日本金松枝，接著手持寫有祖先戒名的水塔婆（註：關西地方掃墓或祭祖時的供具，多為薄木片，祭拜後做「水迴向」或放入河中流走的稱為水塔婆），然後撞鐘迎接祖先魂魄，據說撞鐘的鐘聲響徹十萬億土，連另一個世界都聽得見。

從傳說中誕生的名產——幽靈子育飴

關於現世與另一個世界交界處的六原，流傳著許多不可思議的傳說。不妨到六原一帶走走看看。

首先，可前往平安中期時空也上人創建的六波羅蜜寺，寺中有個寶物館，館內祭祀著狀甚駭人的閻魔王像。另外，在象徵黃泉（三途川）的河原休息時，也可看到這裡祭祀著傳聞中會奪人衣物的「奪衣婆像」。

從六波羅蜜寺往北走，還有空海為祭祀親手雕刻的地藏尊而創建的西福寺（地圖

幽靈子育飴。

P.14）。自從檀林皇后在此祈求皇子疾病痊癒後，西福寺的地藏尊一直被民眾視為保佑育兒的神明，深受信仰。

檀林皇后篤信佛教，為了拯救飢餓的鳥獸，曾下令將自己死後的遺體放在路旁供鳥獸食用。當時有繪師畫下遺體逐漸腐爛，從長出蛆蟲到成為白骨的過程。每年六道珍皇寺的「六道參」期間，這幅《檀林皇后九相圖》都會特別對外公開。

西福寺對面有販售名產「幽靈子育飴」的商店，關於這種糖果也有個傳說。

相傳曾有一位年輕女人每天晚上都來買糖，感到奇怪的店主暗中尾隨女人，卻在跟到鳥邊野的一棵大樹下時就失去蹤跡。後來，店主聽說幾天前樹下埋葬了一個懷有身孕的女人，眾人竟在土中找到含著糖果的嬰兒。原來，是死去的母親為了讓孩子活下來，夜夜來店裡買糖果。從此之後，那間店賣的糖果就被稱為幽靈子育飴。

Access　搭乘京都市公車至清水道站，下車徒步約 5 分鐘。（地圖 P.14）

京都市
上京區

祭祀死於非命之怨靈的鎮魂神社

上御靈神社

奈良時代，早良親王於皇兄第五十代桓武天皇即位後，隨之成為皇太子。後來，發生了自奈良遷都長岡京的營建中心人物藤原種繼遭暗殺的大事，顯見一股密謀將皇都遷回奈良的勢力正在暗中行動。桓武天皇得知首謀者包括皇太子早良親王在內，於是先將早良親王幽禁在乙訓寺中，之後又將他流放淡路島。早良親王以絕食抗議的方式表達自己的清白，在前往淡路島的途中餓死。然而，即使早良親王已經死去，怒氣未消的桓武天皇仍堅持流放，遺體最後也被送到了淡路島。

有些人認為死於非命的早良親王成為怨靈，在都城內作祟。那時都城正因乾旱造成飢荒，還爆發了傳染病。此外，天皇生母高野新笠與皇后藤原乙牟漏相繼死去，接二連三發生了天地變色、動盪不安的災禍。桓武天皇為了平息早良親王怨靈的怒氣，追封其為崇道天皇，並在京都創建以崇道天皇為祭神的崇導神社及上御靈神社，鎮魂祭祀。

同時，擔心人民認為天災人禍等不幸的發生肇因於天皇德不配位，害怕因此失去天子資格，桓武天皇為了重拾人心與重建政治體制，再次著手遷都大計，僅在短短十年後的延曆十三年（西元七九四年），廢除長岡京並再次遷都平安京。

敬拜怨靈，平息天災人禍

所謂御靈，指的是帶著怨恨死去之人的魂魄或疫神等，為其他人帶來災禍的怨靈。「御靈信仰」相信只要敬拜、祭祀這類御靈，就能平息其怨恨，重拾平靜，帶來繁榮。平安初期之後，京都開始舉行平鎮御靈的鎮靈祭典「御靈祭」，同時也將令人畏懼的怨靈視為祭神，奉入神社加以祭祀，以求平息天災人禍。

延曆十三年（西元七九四年），為了平息化為怨靈的早良親王（崇道天皇）怨氣，創建了奉早良親王為祭神的上御靈神社。即使如此，天災人禍非但沒有平息，還流行起傳染病。於是便再追加祭祀七個因政治鬥爭失敗而死於非命的怨靈，與上御靈神社的祭神合稱為八所御靈。

在當時人的心目中，御靈是非常可怕的怨靈，擁有極大力量。因此，人們也相信只要將其當作祭神敬拜，安撫御靈的怨氣，相對就能產生平息天災人禍的強大神靈之力。直到後世，上御靈神社仍受到歷代天皇篤實崇敬，成為守護國家、皇室與都民的神社，深受愛戴。

歷代天皇篤信的上御靈神社。

鎮心守護身符，給動不動就生氣的人

懷著祈求消災解厄的心情參拜完後，前往社務所，那裡售有各式各樣的御守護身符。厄除御守最受歡迎，不過這裡有一種「鎮心守」護身符更是特別。因為是能保佑人保持平常心的護身符，不妨買來送給身邊暴躁易怒，動不動就生氣的人。不過，一邊說著：「因為你很愛生氣……」一邊送上護身符似乎有火上加油的可能，交給對方時，或許什麼都不要說比較好。

此外，上御靈神社所在地還發生過應仁之亂的前哨戰御靈合戰，神社門前立有刻著「應仁之亂勃發地」的石碑。御靈合戰發生於室町時代文正二年（西元一四六七年）一月十八日，是擔任室町幕府重要職位的畠山氏一族，在神社境內的御靈之森裡發動的內鬥。延燒整個京都的應仁之亂就從這場內鬥展開，該不會也是怨靈作祟導致的吧……

隔著中央的道路，神社對面是一間有將近五百年歷史的老鋪和菓子屋，店名叫「水田玉雲堂」，這裡最有名的和菓子是除厄煎餅「唐板」（一包五十公克，含稅七百日圓）。據說明治時代之前，皇室每逢皇子誕生就會前來上御靈神社參拜，回京時則帶唐板做為伴手禮。由此也能看出上御靈神社與皇室之間的關係密切。

販售唐板的水田玉雲堂。

刻有「應仁之亂勃發地」的石碑。

Access 搭乘地下鐵烏丸線到鞍馬口站，出 1 號出口徒步約 3 分鐘。（地圖 P.12）

京都市
上京區

不為人知地祈求復合……

櫟谷七野神社

大宮鞍馬口西南方，有一間藏身住宅區中的小神社，名為櫟谷七野神社。即使拿著地圖邊看邊走也不容易找到，堪稱京都首屈一指的隱藏版神社。

要找到神社所在地不容易，想理解神社創建當時的相關歷史，也有一定難度。

首先，「櫟谷」這個地名源自創建時的場所——山城國葛野郡櫟谷。此外，「七野」指的是現址附近船岡山腳下的七個原野，這間神社是將守護七個原野的七位神祇合祀在此的「總社」（眾說紛紜，這只是其中一種說法）。

鼎鼎大名的七神合祀於此

關於櫟谷七野神社的創建有各種傳說，根據社傳內容，貞觀元年（西元八五九年），第五十五代文德天皇的皇后藤原明子為了祈求安產，在此處祭祀起奈良春日大社中的春日明神，後來果然平安生下皇子，成為日後的第五十六代清和天皇。

藏身住宅區中的
櫟谷七野神社。

其後，再加上伊勢、石清水、賀茂、平野、松尾、稻荷等六神合祀於此，建立七社。如果這段歷史為真，有這麼多鼎鼎大名的神明齊聚一堂，應該沒有比這裡更靈驗的神社了。

挽回遠離的心，祈求緣分回頭

京都有超過千年歷史和無數神社，其中有保佑結緣的神社，也有斬斷惡緣的神社。不過，說到能挽回即將遠離的心，保佑緣分再次回頭的神社，整個京都大概也只有櫟谷七野神社。

第五十九代宇多天皇的皇后，為了找回天皇日漸遠離的心，按照夢中獲得的神諭，用神社前的白沙做了以三笠山為模型的沙山，向沙山祈願，果然心願實現，天皇回心轉意，人們便傳說只要在神社前堆白沙，就有破鏡重圓或避免對象出軌的效果。前來參拜的人，大部分都會偷偷堆起白沙許願。

齋王淨身的賀茂齋院遺址

從平安時代到鎌倉時代，皇室會從未婚的內親王（女性皇族）中選一人為齋王，侍奉賀茂社（上賀茂神社與下鴨神社的總稱）的神明。在這位齋王開始侍奉神明之前，為了淨身所住的地方叫做賀茂齋院，據說櫟谷七野神社就是蓋在賀茂齋院的遺址上。櫟谷七野神社的本殿前，也立有刻著「賀茂齋院跡」的石碑。

刻有「賀茂齋院跡」的石碑。

上述齋院制度始於平安時代初期第五十二代嵯峨天皇時，一直持續到鎌倉初期第八十二代後鳥羽天皇的時代。現在每年五月舉行的賀茂社祭禮賀茂祭，也就是一般俗稱的「葵祭」隊伍中，代替齋王參加華麗祭典遊行的，就是從普通未婚女性中選出的祭典女主角——「齋王代」。

Access 搭乘京都市公車至天神公園前站下車，徒步約 7 分鐘。（地圖 P.12）

京都市
左京區

以佛法之力 化解怨念的梵鐘

妙滿寺

繼承日蓮聖人教誨的顯本法華宗總本山妙滿寺，由日什上人在康應元年（西元一三八九年）時創建於六条坊門室町（現在的五条室町附近）。日什上人原本是一位天台僧，接觸到日蓮聖人的教義後，改信法華宗（日蓮宗），並創建妙滿寺，在京都致力傳教。

後來，妙滿寺在應仁之亂時幾度遭戰火襲擊，經歷了數次的寺地遷移及重建。天文五年（西元一五三六年），織田信長討伐比叡山時大伽藍堂因而燒毀，於是又在天正十一年（西元一五八三年）再次搬回京都寺町二条，此後，成為民眾口中的寺町二条妙滿寺，深受信仰。

現在的妙滿寺位於距離叡山電鐵木野站徒步五分鐘處，寺內擁有洛北岩倉的大片靜謐院地。昭和四十三年（西元一九六八年）時，寺町二条附近進行近代化建設，為了遠離市區的喧囂，因此遷移至此處。現在寺境內有仿印度菩提伽耶大塔建設的塔，這座塔築於昭和四十八年（西元一九七三年），從塔的後方可抬頭仰望比叡山絕景。

造訪知名庭園「雪之庭」

本坊前的寬闊庭園「雪之庭」，據說是以江戶時代俳諧中興之祖為人熟知的松永貞德打造，松永貞德曾是當時住持的門下生。這座雪之庭與清水寺成就院的月之庭及北野成就院（現已廢寺）的花之庭，因分別是成就院的塔頭，故有「成就院・雪月花三名園」之稱。

正如庭園之名，冬季時一片皚皚白雪，襯著庭園後方的靈峰比叡山，絕世美景值得專程於冬日降雪季節來訪。

和傳統戲曲中的安珍與清姬關係匪淺的鐘

在寶物展示室中，收藏著與長歌、舞蹈及能樂等傳統戲曲《娘道成寺》中出現的安珍與清姬有關的吊鐘。

平安時代初期，一位名叫安珍的修行者前往熊野參謁途中，借宿於一宅邸。宅邸主人的女兒清姬戀上了安珍，和安珍立下約定，等他結束熊野參謁後，要再次回到宅邸與她見面。不料，安珍沒有實現承諾，未重訪宅邸就回家了。得知這件事的清姬非常生氣，化身為蛇追上安珍。找到躲藏在道成寺吊鐘內的安珍後，清姬化身的蛇纏繞吊鐘，吐出火焰，燒毀吊鐘也殺死了安珍，最後自己投河自盡。

後來，在祝賀道成寺新鐘完成的筵席上，一位白拍子舞者一邊跳舞一邊靠近新吊鐘，接著忽然變成一條蛇拖走吊鐘，並鑽入鐘內消失無蹤。僧侶們心知那是清姬的怨靈，專心祈念，勉強完成了一口新鐘。然而，不知是否怨靈作祟，這口鐘總是發出奇怪的聲音，最後只得丟入山林。

後來有人根據這個傳說故事寫成了腳本，就是著名的戲曲劇目《娘道成寺》。

據說豐臣秀吉於合戰中攻打根來之際，家臣將這口鐘當作陣鐘（合戰時用來號令的鐘）使用，並於戰後帶回京都。為了化解鐘上清姬的怨念，才將它收入妙滿寺。

眺望菩提伽耶大塔和靈峰・比叡山。

成就院・雪月花三名園之一的雪之庭。

Access　搭乘叡山電鐵到木野站，徒步約 5 分鐘。（地圖 P.12）

第七章

靠體力決勝負の私藏景點

京都市
左京區

延曆寺高僧往來行經的坡道

雲母坂

從京都修學院離宮這一帶往比叡山延曆寺的坡道叫做雲母坂。從前，從京都望過去，傍晚的雲朵蓋住比叡山山麓，看來就像雲從那裡生出來一樣，才會用「雲」、「母」兩字命名（母有孕生之意），讀音則取夕陽照在雲上，雲朵閃閃發光的情景，讀作「KIRARA」（註：形容閃閃發光的樣子）。

雲母坂起點的比叡山麓詩仙堂附近的地名叫一乘寺，因為過去這裡有一座隸屬延曆寺的天台宗系寺院，就叫一乘寺（現在已經廢寺）。一乘寺最知名的一乘寺下松，即是傳說中江戶初期，劍豪宮本武藏與吉岡道場的門人決鬥，以一敵數十的地方。這棵松樹是從前為了讓僧侶及旅人從雲母坂前往比叡山時方便認路而栽種，現在看到的這一棵已經是第五代。

從一乘寺下松出發，沿著雲母坂走，會看到一間賣醃漬物的「穗野出」，這裡最有名的商品是雲母漬，原本是在雲母坂上關隘才吃得到的味噌醃茄子。由於只在當地吃得到這種獨特口味，深受人們喜愛，便稱其為雲母漬。

從登山口的雲母橋到比叡山山頂，全程約需兩個半小時。起初四十分鐘左右是一連串的陡坡與岩地（現在已經漸漸整修出道路了），只要過了這段艱難的山路，接下來直到山頂都有整修過的山路可走。途中經過比叡山纜車比叡站時，可以從那裡俯瞰山下的京都市容。爬雲母坂上山時，不妨攜帶便當。

親鸞聖人下山前往六角堂時走過的路

雲母坂在過去是許多知名高僧走過的路，淨土真宗祖師親鸞聖人就是其中之一。親鸞聖人花了二十年時間在比叡山上累積修行，因為無法達到理想中的開悟境地而備感苦惱。景仰聖德太子的他，於二十九歲時決定前往與聖德太子關係匪淺的六角堂進行「參籠

刻有「親鸞聖人御舊跡」的石碑。

百日」（註：參籠類似閉關，指閉居於神社、寺院中齋戒祈禱）。參籠到第九十五天時獲得觀音菩薩神諭，進而拜法然上人為師，修習淨土宗的念佛教義（眾說紛紜，這是其中一種說法）。

出於與親鸞聖人的淵源，比叡山腳下一乘寺的北山別院（地圖 P.12），做為淨土真宗的寺院，於延寶八年（西元一六八〇年）創建。據說這座北山別院的所在地，曾是親鸞聖人入比叡山前修行的御里坊遺址，前往六角堂進行參籠百日前，親鸞聖人曾順道造訪此地，用當地湧出的泉水「御聖水」淨身。現在，北川別院內依然持續湧出泉水。

通往延曆寺的雲母坂，途中有不少艱險處。

吃了蕎麥麵的親鸞聖人替身像

比叡山的無動寺谷，自古以來就是千日回峰行與不動信仰的中心地，至今仍有許多修行者在此嚴格修行。無動寺谷內的眾多寺院堂宇中，有一座大乘院（地圖P.11），石碑上刻有親鸞聖人也曾在此修行的歷史，堂內並祭祀著親鸞聖人像。

關於這尊親鸞聖人像也有一段小故事。

那是親鸞聖人還是名叫範宴的年輕修行僧時發生的事。為了完成參籠百日，範宴過著白天在比叡山努力修行，晚上前往六角堂參籠的生活。結果，不知情的修行僧之間傳起了範宴每天晚上都去找女人的謠言。

謠言傳入大乘院住持耳中，住持心想，像範宴這種修行僧，真的會做出那種事嗎……某天晚上，狐疑的住持叫醒所有修行僧點名。叫到範宴時，確實聽見了答「在」的回應，住持鬆了一口氣，告訴自己謠言終歸是謠言。然而事實是範宴下山前，在床上放了木雕像代替自己回應點名。安心的住持對自己半夜叫醒修行僧的事感到過意不去，就請眾修行僧吃蕎麥麵，這時，範宴的替身木雕像竟也接過蕎麥麵吃了。從此之後，那尊雕像就被稱為親鸞聖人食蕎麥像，直到現在都還祭祀於大乘院中。附帶說明，世界上並不只有一尊親鸞聖人食蕎麥像，包括東山七条的法住寺在內，還有好幾間寺院也看得到親鸞聖人食蕎麥像。

Access 搭乘京都市公車至修學院離宮道站，下車徒步15分鐘。（地圖P.12）

京都市
左京區

爬上鳥居石階，祈求「封癌」

狸谷山不動院

從比叡山腳一乘寺的詩仙堂往山上走，沿著一條陡坡前進，就會看到狸谷山不動院。這附近標高較高，是晚上俯瞰京都市區夜景的好地方，正默默受到歡迎。

狸谷山不動院境內高低落差大，從入口到本殿的石階約有兩百五十級，走起來難度相當高。不過，狸谷的「不動桑」依然深受民眾愛戴，參道和階梯旁放了不少狸貓造型的雕像或陶器。在日文中，狸貓的發音近似「超越別人」，吸引許多祈求生意興隆或技藝超群的人前來參拜。

狸谷山不動院創建於江戶時代，這裡祭祀的本尊不動明王像，與過去守護平安京鬼門的吒怒鬼不動明王像造型相同（註：日文中「吒怒鬼」音同「狸」），因此特別受到民眾篤信。吒怒鬼又有叱退惡鬼的意思，故狸谷山不動明王也有驅逐惡鬼，保佑人們不受災難侵襲的作用，成為深受信仰的神明。其中尤以祈求重病痊癒的效果特別靈驗，吸引許多人來此購買許願符，符紙上畫有人形，參拜時將生病或受傷的部位圈起來，請神明保佑早日康復。

狸谷山不動院一年之中會舉行各式各樣的活動。每年一月二十八日舉行的「初不動」，和東寺的「初弘法」（每年一月二十一日）及北野天滿宮的「初天神」（每年一月二十五日）並稱京都三大初謁（即新年參拜之意），為了前來拜飲有封癌效果的「笹酒」（拜飲時間從早上九點到下午四點），參拜客絡繹不絕。

每年七月二十八日還會舉行「火渡祭」，在祭典上的「火渡行」儀式中，祈求諸病退散的人們會在此赤腳踩上燒過護摩之火的餘燼。以山伏（修驗者）為始的眾多參加者不分男女老幼，人人皆手持符紙行走於餘燼上。

祭祀不動明王像的狸谷山不動院本堂。

重重鳥居下的綿延石階。

Access　搭乘京都市公車到一乘寺下松町站，下車後徒步約 25 分鐘。（地圖 P.12）

專欄

尋訪與宮本武藏有淵源的遺跡

狸谷山不動院內深處，有一處傳說宮本武藏在此修行過的瀑布。相傳劍豪宮本武藏與吉岡劍法道場眾門人決鬥前，曾在這座瀑布下修行，鍛鍊心智，悟得了劍術的訣竅。在後來的決鬥中，武藏也確實取得勝利。

比叡山山腳下的社寺如一乘寺等，至今仍留有不少與宮本武藏相關的歷史遺跡，八大神社（地圖 P.12）也是其中之一。八大神社創建於永仁二年（西元一二九四年），為祭祀一乘寺產土神素盞嗚尊而創立。與吉岡一門決鬥前，宮本武藏曾順路來到八大神社，據說，他原本想在此祈求神明保佑自己，後來又打消了念頭。因為他體會到「尊敬神佛，但不依賴神佛」的道理。如今，一乘寺下松的松樹已是第五代，八大神社境內保存的仍是當時的古木。

一乘寺下松。

八大神社本殿。

京都市
西京區

將東山三十六峰盡收眼底的空中寺院

大悲閣千光寺

角倉了以是活躍於安土桃山時代至江戶初期的富商，文祿元年（西元一五九二年），了以獲得天下人豐臣秀吉許可，派遣貿易船至安南國（現在的越南）經商，是一位成功的貿易商人。此外，他也從事日本國內諸多河川的開鑿及整修事業，慶長十一年（西元一六〇六年）開鑿保津川及富士川（靜岡縣）等地，促進水運發展。除此之外，還在慶長十六年（西元一六一一年）時開鑿高瀨川，使其成為與京都中心伏見相連的運河，確立京都水運。

將京都盡收眼底的絕景

從渡月橋南側沿著河川往上游方向走二十分鐘左右，可看到一條通往山上的陡峭階梯，往上爬約十五分鐘，就是角倉了以創建的大悲閣千光寺了。從觀音堂往下看，映入眼簾的是保津川與小火車，站在這裡遠望東方，可將以比叡山為第一峰的東山三十六峰盡收眼底，前方的京都街景也一覽無遺，堪稱絕景當前。

從大悲閣千光寺觀音堂望出去，遠方的東山三十六峰盡收眼底。

大悲閣千光寺創建於慶長十九年（西元一六一四年）。了以為了在此祭祀因保津川開發工程而死去的相關人士，將原本位於嵯峨清涼寺附近的千光寺遷移至現址，並請來二尊院的僧侶道空擔任開山住持，大悲閣千光寺就此創立。

本堂（佛堂）中有了以的念持佛千手觀音像，這尊佛像是平安時代僧侶源信所作。面向千手觀音像，右手邊隨侍的是毘沙門天像，左側則是不動明王像。客殿（月見台）中有身穿法衣，手持破石斧，單膝跪立的角倉了以木像。

角倉了以之子兼得力助手素庵的才華

角倉了以之所以能以江戶初期富商的身分名留青史，在背後默默協助的兒子角倉素庵居功厥偉。

了以是日本史上第一個派遣朱印船出海從事南蠻貿易的商人，而經手角倉家一切貿易事務的人就是素庵。此外，在了以投入保津川及高瀨川的開鑿事業時，為籌措龐大工程資金而四處奔走的人也是素庵。可以說如果沒有素庵，了以就無法成就上述那些豐功偉業。

了以死後，素庵與德川將軍家密切往來，穩固了富商角倉家的地位基礎。另一方面，素庵學習朱子學及和歌，與藝術家本阿彌光悅及俵屋宗達等人交流頻繁，在文化的世界裡也發揮了過人才華。

然而，就在素庵即將邁入五十歲時，不幸罹患了當時仍屬不治之症的漢生病（痲風症）。五十六歲時，素庵拋棄所有默默隱居，六十一歲臨死之前囑咐後人，在自己往生後不要葬在階級較高的家族菩提寺二尊院，而是以無緣佛（註：死後無人祭拜的靈魂）的方式葬在祭祀無數無緣佛的化野念佛寺。

現在，化野念佛寺內某處竹林內仍豎立著素庵的墓碑。此外，素庵過世二十四年後亦得到長眠二尊院的許可，如今二尊院內其父了以的墓碑旁也立著他的墓碑。

沿陡峭的階梯上山……

Access 搭乘阪急電車到嵐山站，徒步約 30 分鐘。（地圖 P.11）

京都市
山科區

在將軍塚出現，將京都一覽無遺的新舞臺

將軍塚・青龍殿

天台三門跡之一，擁有高級位階的青蓮院，始於平安初期天台宗祖師最澄於比叡山內創建的青蓮坊。到了平安末期，鳥羽法皇虔信第十二代行玄大僧正，命自己的第七皇子入寺出家，並在京都建立殿舍，改名青蓮院。此後直到明治時代，青蓮院的門主（等同住持）只限由皇族五攝家（具有攝政關白家世的）子弟出任，一直是一所位階很高的寺院。室町後期，伽藍堂在應仁之亂中燒毀，後來才在豐臣秀吉及德川家康手中重建。

青蓮院收藏的國寶「不動明王二童子像」，是平安時代具有代表性的佛畫。畫面中央描繪坐鎮於岩石之上的不動明王，面對畫面右側是矜迦羅童子，左側是制吒迦童子。不動明王的身體以鮮艷的青色畫成，一般通稱其為「青不動」。

遠望大阪超高地標「阿倍野 HARUKAS」

平成二十六年（西元二〇一四年），在青

蓮院位於東山上的境外地區完成了祭祀國寶青不動的新御殿「青龍殿」，以大正天皇御大典時紀念建造的武道場改建而成，前方是供人們參拜的外陣，青不動則祭祀在新蓋的內陣奧殿中。

站在建設於青龍殿內的大舞臺上，除了可俯瞰京都市區外，天氣較晴朗的日子，連位於大阪高樓群中，高達三百公尺的超高地標「阿倍野HARUKAS」都能看見。青蓮院大舞臺的面積約是清水寺舞臺的五倍大。

以鳴動聲警示天地變異的將軍塚

青蓮院內的將軍塚，是第五十代桓武天皇在平安京遷都之際，為求鎮護都城，讓土偶穿上征夷大將軍．坂上田村麻呂的甲冑，手持弓矢，朝都城方位埋下，是為將軍塚。據

青龍殿建在過去稱為將軍塚大日堂的建築內。

從大舞臺上望去，京都市區一覽無遺。

能事先警示天地變異的將軍塚。

說平安末期之後，每逢天地變異之前，將軍塚一定會發出宛如前兆的鳴動聲。根據鎌倉時代的戰爭文學《源平盛衰記》中所載，源賴朝舉兵的前一年，將軍塚共發出三次鳴響，不久就發生了一場大地震。

想前往青龍殿，可於賞櫻、賞楓或黃金週等特殊季節的平日及週末例假日，搭乘環繞京都市區的京阪循環公車。若想徒步也可從青龍院附近的尊勝院或知恩院大鐘樓等處出發，沿東山登山道走約三十分鐘就到了。和從前的參拜者一樣，用自己的雙腳爬山參拜，或許更能感受到本尊不動明王靈驗的保佑。

Access 搭乘京阪公車（70 號／循環公車）自三条京阪往將軍塚青龍殿方向的路線，於週六及例假日運行（※ 遇櫻花、紅葉、黃金週等季節時，平日也有運行）。（地圖 P.14）

京都市
東山區

豐臣秀吉在此祈求轉世重生

豐國廟

慶長三年（西元一五九八年）五月，天下人豐臣秀吉病倒，接著病情便逐日惡化。自知來日無多的豐臣秀吉，將德川家康等支持豐臣政權的大名諸侯喚來伏見城，將兒子秀賴託付給位居五大老之首的家康，請他擔任監護人，再分別將遺囑交給五大老、五奉行後，於同年八月十八日結束了六十一年的人生。

同露珠凋零　同露珠消逝　吾亦如此
浪速之往事　宛如夢中夢

——豐臣秀吉辭世句——

豐臣秀吉死後沒有舉行守靈也沒有舉辦葬禮，當天就將遺體送往東山阿彌陀峰埋葬。這是因為擔心秀吉之死引起天下恐慌大亂，決定於短期內隱瞞其死訊。家督職務則由秀吉之子秀賴接掌。

秀吉祠堂前有一道約五百級的石階。

天下人豐臣秀吉三百年忌時重建的祠堂。

長眠東山的天下人豐臣秀吉

走在妙法院與智積院間的坡道上，左側很快就能看見刻有「豐國廟参道」的大石碑。慶長三年（西元一五九八年）八月十八日，於伏見城內辭世的豐臣秀吉埋葬在東山阿彌陀峰山上的墓地。隔年，周圍便興建了莊嚴華麗的豐國神社。然而，後來豐臣氏凋亡，德川家康隨即命人將社殿破壞得面目全非。

現在，曾經是豐國神社的遺址內，走上一道約五百級的階梯之後，便可看到豐臣秀吉之墓的所在地，那裡還立有巨大的五輪石塔及石燈籠。今日的豐國廟是於明治三十年（西元一八九七年），豐臣秀吉三百年忌時重建的建築。

Access 搭乘京都市公車到東山七条站，徒步約 30 分鐘。（地圖 P.14）

專欄 受到德川家康阻止的豐臣秀吉重生之願

為何豐臣秀吉會葬在京都東山阿彌陀峰，並將祠堂設於此地呢？

有一個說法是，自古以來人們生於東方，死後就要前往阿彌陀如來司掌的西方極樂淨土。因此，秀吉可能也懷抱著來世重生的心願，選擇位於東方的山中建立墓地。

那麼，德川家康又為何要破壞豐國廟呢？

同樣的道理，家康為的可能是不讓已逝的天下人豐臣秀吉有轉世重生的機會。家康不只破壞豐國廟，還將信仰主掌極樂往生阿彌陀如來的本願寺一分為二，成為西本願寺和東本願寺，又將供奉秀吉亡子鶴松的菩提寺祥雲禪寺讓給秀吉討厭的紀州根來寺僧人玄侑，重新改建為智積院（地圖 P.14）。如上所述，德川家康徹底破壞、分化、改變所有與秀吉相關的社寺及遺址，為的可能是阻止任何豐臣秀吉轉世重生的可能。

祭祀豐臣秀吉亡子鶴松的菩提寺遭破壞後，重建為智積院。

旅遊叢書 1012

京都癮：神話傳說、史蹟巡禮、祭典盛事，盡覽古都教人流連的祕密。

知れば行きたくなる！京都の「隠れ名所」

作　　者 —— 若村亮
譯　　者 —— 邱香凝
主　　編 —— 陳家仁
企劃編輯 —— 李雅蓁
責任編輯 —— 陳秋雯
特約編輯 —— 張召儀
行銷副理 —— 陳秋雯
封面設計 —— 高小茲
版面設計、排版 —— ivy_design

京都癮：神話傳說、史蹟巡禮、祭典盛事，盡覽古都教人流連的祕密。 / 若村亮著；邱香凝譯. -- 初版. -- 臺北市：時報文化, 2019.10
面；　公分. -- (旅遊叢書；1012)
譯自：知れば行きたくなる! 京都の「隠れ名所」
ISBN 978-957-13-7954-8(平裝)

1.旅遊 2.日本京都市

731.75219　　108014701

第一編輯部總監 —— 蘇清霖
董 事 長 —— 趙政岷
出 版 者 —— 時報文化出版企業股份有限公司
10803 台北市和平西路三段 240 號 4 樓
發行專線 ——（02）2306-6842
讀者服務專線 —— 0800-231-705、（02）2304-7103
讀者服務傳真 ——（02）2302-7844
郵撥 —— 19344724 時報文化出版公司
信箱 —— 台北郵政 79~99 信箱
時報悅讀網 —— http://www.readingtimes.com.tw
法律顧問 —— 理律法律事務所 陳長文律師、李念祖律師
印刷 —— 和楹印刷有限公司
初版一刷 —— 2019 年 10 月 03 日
定價 —— 新台幣 360 元
（缺頁或破損的書，請寄回更換）

時報文化出版公司成立於一九七五年，
並於一九九九年股票上櫃公開發行，於二〇〇八年脫離中時集團非屬旺中，以「尊重智慧與創意的文化事業」為信念。

ISBN 978-957-13-7954-8
Printed in Taiwan